LE PARADIS DE L'ENFER

La vie consacrée, une réponse à un appel ou une réalisation d'un projet personnel ?

Image de couverture fournie par l'auteur

© Éditions AUTANT ÉCRIRE, 2024
17 Route du Mons 38 200 Serpaize, France

ISBN : 978-2-487429-02-4
EAN : 9782487429024

Elysée Banouakon KOFFI

LE PARADIS DE L'ENFER

*La vie consacrée, une réponse à un appel ou une réalisation
d'un projet personnel ?*

PRÉFACE

L'auteur Père Elysée Banouakon Koffi , Sma, observe les faits et essaie de les aborder lucidement en nous proposant objectivement une réflexion renouvelée de la vie consacrée sous toutes ses dénominations, au regard des attitudes protéiformes des agents pastoraux et des fidèles laïcs. Cet ouvrage intitulé, « *Le paradis de l'enfer : la vie consacrée, une réponse à un appel ou une réalisation d'un projet personnel ?* » que nous avons l'amitié et l'honneur de préfacer, résonne comme une invitation à revisiter aussi personnelle, qu'elle soit, notre histoire vocationnelle.

L'intelligence et le mérite du Père Elysée Banouakon Koffi, Sma, à nous offrir cette réflexion, nous semble-t-il à juste titre être saluées dans la mesure où ladite réflexion permet d'une part à ses lecteurs d'appréhender au mieux les vacillations contenues dans quelques-uns des questionnements qui sont les leurs à l'aune des nominations voire affectations des agents pastoraux. (Qu'as-tu commis comme crime pour mériter cet enfer ? Qu'est-ce qui n'a pas marché ? etc.) et d'autre part s'ensuit d'autres mérites lorsque ses réflexions mettent en évidence les interrogations des agents pastoraux eux-mêmes (Qu'ai-je fait pour que l'autorité ecclésiale me jette dans une telle mission ou paroisse ?) dès l'officialisation des nominations voire affectations.

La vie consacrée, est-elle une réponse à un appel ou une réalisation d'un projet personnel ? In fine, l'argumentaire et la richesse bibliographique laissent persuader que nous sommes loin, d'une exagération présumée. Le paradis de l'enfer protéiforme, s'ouvre et s'articule respectivement dans une approche subjective et variante de ce que chacun, entend à travers le concept d'enfer. Par ailleurs, existe-t-il véritablement une terre de mission ou un poste pastoral qui puisse être considéré comme un enfer ? Mieux, comment différencier l'enfer de l'enfer d'une part du paradis de l'enfer d'autre part ? Ne devrions-nous pas considérer la vie sacerdotale ministérielle ou la vie consacrée comme un paradis de l'enfer plutôt que l'enfer du paradis ? Appelé à la suite du Christ, l'auteur montre que la vocation est une réponse à un appel en opposition à toute intention visant à faire de la vie consacrée un canal d'ascension sociale. L'originalité de l'auteur, le Père Elysée Banouakon Koffi, Sma, dans cet ouvrage réside dans le fait qu'il mette en exergue, la dialectique de l'Appelant et de l'appelé avec un focus sur la liberté de l'Appelant à appeler qui Il veut, et aussi la liberté de l'appelé à répondre ou non à l'Appelant.

L'on doit rompre désormais avec les habitudes fâcheuses d'autrefois, pour s'inscrire pérennement dans un processus de grâce et d'abandon de soi à la divine providence. Étant donné que, répondre à une vocation c'est un don de soi à croire en l'auteur. Dès lors, contre la réalisation de tous projets de vie personnelle, le Père Elysée Banouakon Koffi, Sma, auteur de cet ouvrage nous convie pour mémoire à ce qui suit : « Rien moins que cela, rien plus que ça, le don c'est l'abandon. » La vie sacerdotale ministérielle ou vie consacrée est un don de soi, d'une vocation personnelle ayant à cœur un Appelant.

La réflexion originale de la dialectique entre l'Appelant et l'appelé à partir du paradis de l'enfer est un véritable cheminement vers l'identité de notre histoire vocationnelle. Ainsi, nous recommandons à tous, cet ouvrage bien documenté. Car l'auteur analyse, galvanise et mobilise des axes de réflexions pour remettre en question l'identité ontologique de la vie consacrée sous toutes ses dénominations l'ère des proliférations des attitudes fâcheuses de quelques agents pastoraux et de certains fidèles laïcs. La vie consacrée, est-elle une réponse à une vocation ou une réalisation d'un projet personnel ? Puisse ce travail bien fouillé du Père Elysée Banouakon Koffi, Sma trouver auprès de vous bon accueil.

Préface de **Wilfried Y. Battah,**

Écrivain philosophe Directeur général
des Éditions Autant Écrire,Directeur
de Formations et Stages au
Centre d'Expertise Littéraire et
Philosophique (CELIPH) en France

INTRODUCTION

Dans la sainte Église catholique, on assiste à la fin de chaque année pastorale à des mouvements des agents pastoraux d'une mission à une autre ou d'une paroisse à une autre, en vue de la prochaine rentrée pastorale. Mais, ces affectations et/ou nominations des agents pastoraux rencontrent tellement d'accueils divers que tandis que d'aucuns se réjouissent de leur affectation et/ou nomination, d'autres pleurent et vont même jusqu'à opposer un refus du service demandé par la sainte Église catholique. Cette opposition ou ce refus pour la plupart se justifie sous la base de la qualification de missions ou paroisses comme infernales. Cette réalité prend tellement d'ampleur que de nos jours, suite à la proclamation officielle des affectations et/ou nominations, il n'est pas rare d'entendre des prêtres tout comme des fidèles laïcs (laïques) se poser ou poser les questions suivantes : qu'ai-je fait pour que l'autorité ecclésiale compétente me jette dans une telle mission ou paroisse ? Ou encore de la part de certains fidèles chrétiens, l'on entend souvent demander : qu'as-tu commis comme crime pour mériter une telle affectation ou nomination? Mérites-tu cet enfer ? Qu'est-ce qui n'a pas marché ?

D'autres fidèles chrétiens vont même jusqu'à affirmer sans preuve aucune, qu'un tel ou un tel autre a été affecté dans un tel endroit ou tel autre à cause d'une punition quelconque de la part des autorités ecclésiales compétentes de qui dépend cet agent pastoral qui pour eux est envoyé vivre l'enfer dans une quelconque mission ou paroisse de la sainte Eglise catholique pour purger sa peine.

Tous ces propos et questionnements comme si chaque prêtre était destiné à une paroisse ou à une mission quelconque ou alors à un endroit spécifique à tel enseigne qu'il n'y a que lui seul à exercer son ministère dans l'endroit qu'il est appelé à quitter pour une nouvelle mission. Suite à la proclamation officielle des affectations et/ou nominations, ces questionnements, propos et réactions de part et d'autre nous laissent souvent perplexes et nous poussent à nous poser la question de savoir s'il n'y a pas des âmes qui ont besoin de salut également là où ces agents pastoraux ont été affectés et que d'aucuns qualifient d'enfer ?

Autrement dit, ces missions ou paroisses qualifiées d'infernales seraient-elles hors de la sainte Église catholique ? Qu'ont-elles fait les personnes qui vivent dans ces endroits pour ne pas bénéficier elles aussi du salut que le Christ est venu apporter à tous sans discrimination ? Les fidèles chrétiens de ces endroits qualifiés d'infernaux ne sont-ils pas eux aussi des enfants d'Abraham ayant droit au salut ?

Qu'ont-ils fait pour que seulement leur lieu d'habitation soit qualifié d'enfer ? L'enfer étant entendu dans le domaine religieux comme un vocabulaire eschatologique caractérisant le lieu de supplice après la mort pour ceux qui auront refusé Dieu et les doctrines enseignées à son sujet pendant leur vie d'ici-bas, maintes fois cependant, ce vocabulaire eschatologique se fait présent dans le langage quotidien des vivants, l'évoquant comme faisant partie de leur ici et maintenant mais avec une connotation tout autre. À cet effet, il semble exister plusieurs enfers, puisque ce qui est caractérisé comme un enfer chez l'un, peut ne pas l'être chez l'autre ; tout comme ce qui est considéré comme un paradis chez l'un, peut être perçu comme l'enfer chez l'autre. Il apparaît donc clairement qu'il n'existe pas d'enfer, mais des enfers. C'est sans doute dans cette perspective que certains philosophes existentialistes et politiques ont pu stipuler de part et d'autre que « l'enfer, ce sont les autres »[1] selon Jean Paul- SARTRE ou que «

---

[1] Jean Paul Sartre, *Huit Clos*, Pièce de théâtre, en un seul acte, 1943

l'enfer, c'est l'absence des autres »[2] pour ce qui concerne Thomas Hobbes. Face à ces deux tendances, mille questions surgissent de notre esprit.

En effet, en dehors de l'appréhension religieuse ou du moins eschatologique du concept de l'enfer, ne serait-il pas raisonnable ou alors utile de se questionner sur ce que c'est que l'enfer en réalité ? L'enfer en lui-même, existe-t-il ? Si l'enfer est entendu comme constituant la souffrance d'ici et maintenant selon le langage quotidien des vivants, alors notre questionnement pourrait être poussé encore plus loin ; puisqu'un tel entendement ou alors une telle compréhension du concept de l'enfer ouvre encore d'autres horizons quant à la connotation du terme.

Dès lors l'existence de l'enfer à l'entendement humain, serait-elle une réalité objective ? Le concept de l'enfer à l'entendement humain ne serait-il pas une subjectivité quelconque ? Clairement exprimé, n'est-ce pas dans l'œil de tout individu qu'est lu le concept de l'enfer ? Ceci signifierait que ce qui peut être considéré ou qualifié d'infernal, peut ne pas être forcément le cas chez tout individu.

---

[2] Thomas HOBBES, *Le Léviathan*, Ed. Gallimard, Paris, 1877, p. 195

Dans ce sens, l'enfer serait donc ou du moins n'est-il donc pas que conventionnel ? Puisque ce que l'individu X considérerait comme souffrance peut être considéré comme plaisir, paix, joie ou alors douceur par un autre individu Y.

En fait, bien qu'il existe certains critères entrant dans les normes consensuelles qualifiant sinon caractérisant l'enfer à l'entendement humain, il n'existe pas un enfer ou d'enfer en dehors de l'entendement religieux du terme lorsque celui-ci est employé par le commun des mortels comme faisant partie intégrante de leur vécu d'ici et maintenant ; mais plutôt il existe des enfers. De même, la mission prise dans ce contexte du concept de l'enfer devient sujette à méditer et par ricochet une question fondamentale qui nécessite une sérieuse et profonde réflexion selon le lieu de mission où ils se retrouvent.

En effet, à l'instar du concept de l'enfer, serait-il licite que certains lieux ou bien terres de mission soient qualifiés (es) d'infernaux ou d'infernales ? Si un lieu ou bien une terre de mission est considéré (ée) comme un enfer, cela ne suscite-t-il pas une question sur l'authenticité d'une vocation à la vie sacerdotale ministérielle en général, sur l'authenticité d'une vocation à la vie consacrée en particulier ? En un mot, l'authenticité d'une vocation à la vie consacrée qui maintiendrait de telles pensées au sujet du lieu de l'exercice de son choix de vie ne serait-elle pas un leurre ?

En clair, une telle personne consacrée ne se serait-elle pas appelée elle-même à la vie consacrée contrairement aux propos du Maître de la moisson qui dit : « Ce n'est pas vous qui m'avez choisi, c'est moi qui vous ai choisis et établis, afin que vous alliez, que vous portiez du fruit, et que votre fruit demeure (…) »[3]?

Par ailleurs la précédente question ne sous-entendrait-elle pas que la notion des exigences de la 'sequela Christi' s'avèrent incomprises par ce ministre ordonné et/ou personne consacrée qui juge un lieu quelconque de mission comme étant un enfer ? La vie sacerdotale ministérielle et/ou consacrée, n'est-elle pas plutôt un paradis qu'un l'enfer ?

En réalité, existe-t-il un enfer dans ce domaine de vie sacerdotale ministérielle et/ou consacrée ? Si d'aucuns répondraient oui à cette question, c'est qu'en réalité la vie sacerdotale ministérielle en général, sacerdotale missionnaire en particulier, ainsi que la vie consacrée, ne sont nulle part liées à une vocation qui veut dire appel et donc qui sous-entend un appelant et un appelé, si bien qu'en fin de compte l'appelé fait un choix fondamental en

---

[3] La Sainte Bible Catholique, *Jn15 :16* selon AELF

répondant soit à l'appel de Dieu ou en refusant de répondre à cet appel.

Dès lors, vu ce qui précède, considérer un lieu de mission, une paroisse, une communauté quelconque où l'on est affecté (e) comme un enfer ne serait-il pas l'expression d'un manque d'une claire compréhension de sa propre vocation et même de son identité en tant que prêtre, religieux ou religieuse qui en fait doit suivre le Christ et non le Christ qui doit le ou la suivre ?

D'ailleurs, l'appel à la suite du Christ et donc les exigences de la sequela Christi ne seront-ils pas mis en question ici, si l'on considère un lieu de mission quelconque où l'on est affecté comme un enfer ?

Face à une situation pareille, nous sommes poussés à nous poser la question de savoir, dans tout le contexte de la vocation sacerdotale ministérielle et/ou de la vie consacrée, sommes-nous conscients qu'il s'agit d'un appel et d'une réponse libre sans contrainte ? Ou bien nous nous invitons dans la moisson du Seigneur sans qu'Il nous attende là où il veut que nous moissonnions ? Prenons-nous le temps de méditer sur Celui qui est en réalité l'appelant dans cette histoire de vocation à la vie consacrée dans toutes ses dimensions ? À perdre de vue l'appelant dans ce contexte même, on ne fera qu'emmener l'homme à se substituer à Dieu, le maître de la moisson en voulant choisir la spécifique parcelle de la moisson où il ou elle voudra assurer sa part d'activité dans la vigne du Seigneur.

La réponse à toutes ces interrogations soulevées plus haut constituera notre point focal dans cette réflexion. Ainsi, nous tenterons dans cette aventure cognitive de montrer combien la conception de l'enfer diffère d'un individu à un autre dans un premier temps ; et ensuite nous verrons comment le concept de l'enfer tel qu'appréhendé par le commun des mortels comme faisant partie de leur vécu quotidien ou de leur vie d'ici et maintenant, peut s'appliquer à un lieu de mission dans le domaine de la vie sacerdotale ministérielle en général et de la vie missionnaire ou consacrée en particulier. Puisqu'avoir une telle appréhension d'un quelconque lieu de mission serait une manière d'afficher clairement une minimisation du projet de Dieu dans le contexte de la vocation et par conséquent une incompréhension claire de la vocation sacerdotale ministérielle, à la vie missionnaire et à la vie consacrée qui sous-entendent une suite radicale du Christ avec tout ce que cela exige de l'appelé : vie de renoncement à soi, de sacrifice perpétuel dans un engagement désintéressé et sans ambages au projet de Dieu pour le salut du genre humain, et ce, pour sa propre plus grande gloire.

CHAPITRE I

LE CONCEPT DE PARADIS ET DE L'ENFER

1   CLARIFICATION DE TERMES

1.1 Le paradis

1.1.1 Le Paradis selon le domaine religieux

Ici, affirmons de prime abord que si toutes les croyances aussi diverses qu'elles soient peuvent être qualifiées de religieuses ou de religions, soulignons cependant que toutes n'admettent pas le credo du paradis.

En effet, en dehors des religions, dites révélées que sont le christianisme et l'islam, nombreuses sont les croyances ou religions qui au lieu de paradis parlent soit de la réincarnation et/ou d'un au-delà. Ici, précisons que si le christianisme et l'islam admettent l'existence d'un paradis, nombreuses sont les croyances ou religions hindouistes qui prônent plutôt un credo de réincarnation. À ce sujet, les religions traditionnelles africaines ne sont pas en reste, elles qui professent l'existence d'un au-delà qui met en communion parfaite et permanente les vivants et les morts ; lesquels ne sont d'ailleurs pas morts[4] comme le soutiendrait Birago Diop, écrivain

---

[4] Birago Diop, *Le souffle des ancêtres (du Recueil Leurres et Lueurs*, 1960, Ed. Présence Africaine

sénégalais. Cette lumière, faite sur la question du paradis, nous abordons la définition que lui donnent les religions dites révélées ; notamment le christianisme et l'islam.

1.1.2 Le paradis selon le christianisme

Soulignons avec Yves PETRAKIAN que nos versions françaises du terme paradis selon le christianisme n'ont ce mot que dans le Nouveau Testament. Et ce, c'est en ces trois passages que voici que l'on voit la mention du terme paradis : « Jésus lui déclara : « Amen, je te le dis : aujourd'hui, avec moi, tu seras dans le paradis. »[5] « Cet homme-là a été emporté au paradis et il a entendu des paroles ineffables, qu'un homme ne doit pas redire »[6] ; « Celui qui a des oreilles, qu'il entende ce que l'Esprit dit aux Églises. Au vainqueur, je donnerai de goûter à l'arbre de la vie qui est dans le paradis de Dieu. »[7] Apocalypse 2 : 7. Sinon le terme hébreu paradès dérive lui-même du vieux persan pairidaêza et signifie « enclos », « jardin ».[8] En fait, dans la littérature juive tardive et les écrits chrétiens, ce terme est employé pour

---

[5] *Sainte Bible* Catholique, *Lc 23 :43, selon AELF*

[6] *Ibid, 2 Cor12 : 4 selon AELF*

[7] *Ibidem, Ap 2 : 7 selon AELF*

[8] Yves PETRAKIAN, Édition numérique c, juillet 2023

désigner le séjour des morts bénis. Ainsi, dans l'Ancien Testament par exemple, le mot paradès, employé selon les livres de (Genèse1 ;2 Néhémie 2:8, Ecclésiaste 2:5, Cantique 4:12), n'a d'autre sens que celui de jardin, parc ou verger.

Par contre, dans le livre du prophète Ezéchiel en son chapitre 31, bien que le terme de paradis ne paraisse pas explicitement, le jardin d'Éden ou jardin de Dieu, dont il est question à maintes reprises, devient le lieu où se retrouvent les défunts. Semblables allusions prouvent que, déjà à cette époque, avant même que le jardin d'Eden et le séjour des morts ne soient appelés paradis, une évolution s'est faite dans les idées sur l'au-delà.

Ainsi, comme le soutient Yves PETRAKIAN, le precheur de l'amour ; selon la littérature apocalyptique juive, les plus anciens écrits de ce genre où il est question du paradis sont certaines parties du livre d'Hénoch éthiopien remontant au II° siècle av. J. -C. On y voit que seuls deux hommes, Hénoch et Élie, furent admis au « paradis. »[9]

Par ailleurs, au Ier siècle av. J.C, le paradis est conçu comme le séjour temporaire des justes et des

____

[9] Hén. éthiop. 87:3 89:52

élus (Hén. éth. 61:12 70:2 60:8). Dans les Similitudes du livre d'Hén. éthiop. (ch. 37-70), qui datent également de cette époque, l'auteur montre les justes passant directement du paradis au Royaume messianique[10]. Parlant toujours du terme de paradis, soulignons qu'au Ier siècle de l'ère chrétienne, deux conceptions se partagent les esprits :

1° Le paradis est le séjour définitif des justes (Hén. slav. 8 42:3, 5, Pseudo-Esdras 7:36,123) ; parfois, il est confondu avec le ciel ; c'est d'ailleurs l'idée la plus répandue.[11]

2° Le paradis n'est que le séjour temporaire des justes (ainsi, semble-t-il, dans le livre des Jubilés). Dans la conception rabbinique de l'univers, on peut dire que d'une façon générale le paradis est la demeure des morts bénis. C'est là que se trouve l'arbre de vie, et les justes y vivent en fête. La géhenne et le paradis sont, dit-on, proches l'un de l'autre et séparé seulement par une largeur de main. Certains rabbins parlent d'un paradis en deux parties, l'une dans le schéol, l'autre dans le ciel, ce qui s'harmoniserait avec l'opinion que les

---

[10] *Ibidem*

[11] *Ibidem*

justes monteront du paradis d'en bas au paradis céleste.[12]

En résumé, le judaïsme n'a pas formulé de théorie précise relative au paradis. Le Nouveau Testament fait usage de ce terme d'après les trois passages cités plus haut en utilisant le mot grec paradeïsos, le paradis en français. Le catholicisme romain ne s'éloigne donc pas de ce sens grec que lui donne le Nouveau Testament. Cependant, le catholicisme romain donne des précisions multiples quant au sort des âmes des bienheureux relativement à la question du paradis. Pour sa part, le protestantisme imitant en cela la discrétion des écrits du Nouveau Testament, s'est généralement refusé à décrire minutieusement le paradis, estimant que ce ne serait là qu'un travail de pure imagination, sans grand profit pour la piété. Et ce, parce que nul ne s'y est rendu pour le décrire de façon exhaustive.[13]

Dans ce cas, ne serions-nous pas en droit de maintenir que le mot « paradis » désigne parfois la première demeure de l'homme, le jardin d'Éden selon Genèse 2 : 7-5 ? En effet, la Bible présente ce

---

[12] *Ibidem*

[13] Edm. R.

Jardin comme un endroit bien réel où habitait le premier couple humain. À lire attentivement Genèse 1 : 27-28, il semble que son existence ne fût nullement troublée par la maladie et la mort. Malheureusement, comme il a désobéi à Dieu, il a été chassé de ce jardin.

Cependant, de nombreuses prophéties bibliques décrivent ce jardin comme un avenir où les humains vivront dans le paradis rétabli. C'est sans doute dans cette ligne que s'inscrit le dictionnaire Robert qui pour sa part maintient en RELIGION que « le paradis est le lieu où les âmes des justes jouissent de la béatitude éternelle. »[14]

Le dictionnaire Larousse quant à lui ne s'éloigne pas très loin du Robert, mais lui, s'évertue à pousser plus loin la définition en spécifiant les choses d'une manière professionnelle. Ainsi, il dit du paradis ce qui suit : « Dans la théologie ancienne, séjour des justes après la mort ; dans la théologie moderne, état de bonheur dont jouissent auprès de Dieu les âmes des justes après la mort. »[15]

De ce qui précède, l'on pourrait maintenir que la notion de paradis reste essentielle en théologie, même si on préfère souvent parler du

---

[14]https://www.leRobert.fr, dictionnaire de français

[15] https://www.Larousse.fr, dictionnaire de français

ciel. « Vivre au ciel, c'est être avec le Christ »[16], rappelle le Catéchisme de l'Église catholique en s'appuyant sur l'évangile : « La vie éternelle, c'est de connaître Jésus-Christ. »[17]

In fine, retenons avec le cardinal Henri de Lubac que : « Le paradis, ou vision béatifique, est une participation intime à la vue que le Fils a du Père au sein de la Trinité. »[18] Abondant dans le même sens, le théologien suisse Hans Uns von Balthasar écrira que « Dieu est la réalité eschatologique de la créature : quand il est trouvé, il est le ciel ; quand il est perdu, il est l'enfer ; quand il met à l'épreuve, il est le jugement ; quand il purifie, il est le purgatoire. »[19] Le Compendium du Catéchisme de l'Église catholique s'inscrit dans cet ordre d'idée en soutenant « qu'on entend par « ciel » l'état de bonheur suprême et définitif. Ceux qui meurent dans la grâce de Dieu et qui n'ont besoin d'aucune purification ultérieure sont réunis autour de Jésus et de Marie, des anges et des saints. Ils forment ainsi l'Église du ciel, où ils voient Dieu « face à face

---

[16] Catéchisme de l'Église Catholique, N°1027

[17] Sainte Bible Catholique, Jn 17, 3 selon AELF

[18] Henri de Lubac, *Parler des fins dernières*, Communio, p.131.

[19] Hans Urs von Balthasar, *Méditation Théologique sur le mystère de la descente à l'enfer*, Communio No219 Janvier-Avril 2012, p.69.

» selon 1 Cor 13,12 ; ils vivent en communion d'amour avec la Sainte Trinité et ils intercèdent pour nous. »[20]

De ce fait, il est à comprendre que si toutes les mythologies et religions païennes considèrent le temps comme un cycle, en vue d'un retour vers le paradis perdu, le christianisme – à la suite du judaïsme – envisage, lui, un temps linéaire. « Dans l'eschatologie chrétienne, la fin des temps ne consiste pas à revenir à l'Éden des origines, mais à se réconcilier avec Dieu »[21], explique Guilhen Antier, pasteur de l'Église réformée à Dijon. D'ailleurs, se détournant de l'imaginaire du jardin pour évoquer la fin des temps, l'Apocalypse opte pour celui de la ville, avec la « Jérusalem céleste. »[22]

Même si telle est l'entendement de l'eschatologie chrétienne au sujet du paradis, soulignons quand même avec l'historien Jean Delumeau que les représentations du paradis ont évolué avec l'imaginaire social.[23] Ainsi, dans La Divine Comédie, Dante le décrit selon neuf

---

[20] *Compendium du Catéchisme de l'Eglise Catholique*, No 209

[21] Guilhen Antier, pasteur de l'Église réformée à Dijon

[22] Sainte Bible Catholique, Ap 21 selon AELF

[23] L'historien Jean Delumeau

sphères concentriques, chacune logeant des hommes sans péchés selon leur mérite ; la fin du parcours, débouchant au dixième ciel.[24]

Dans ce même ordre d'idée, au Moyen Âge par exemple, on cultivait aussi la nostalgie du paradis que l'on imagine telle une terre inaccessible en Orient, suscitant d'autant plus les convoitises qu'une légende rapporte que le « royaume du prêtre Jean », riche en pierres précieuses, jouxte le paradis ! Après les découvertes astronomiques et géographiques du XVIe siècle ayant obligé à constater que le paradis ne se trouve ni dans le ciel ni sur la terre, on se tourne vers l'avenir, à l'instar du philosophe anglais Thomas More qui invente l' « Utopie ».[25]

C'est désormais le progrès qui doit permettre l'avènement du paradis, décrit comme un temps de bonheur éternel sur terre. Cette espérance d'un bonheur proche va nourrir les idéologies socialistes de Karl Marx et compagnie du XIXe siècle et les critiques comme Friedrich Nietzsche et bien d'autres contre ceux qui promettent le paradis dans l'au-delà.

---

[24] Dante , *La Divine Comédie*

[25] Thomas More, *L'Utopie ou Traité de la meilleure forme de gouvernement*, Éd. Garnier-Flammarion, Paris, p. 1516.

Aujourd'hui, après les désenchantements du XXe siècle, il semble difficile de parler du paradis, si ce n'est pour se persuader qu'il n'est pas pour demain. Toutefois, Fabrice Hadjadj invite à concevoir le paradis « non comme une plate éternité sans drames ni passions, mais comme une joie, exigeante et douloureuse, d'être présent à tous et de se savoir étreint par un Amour infini ».[26] Pour ce philosophe d'origine juive converti au catholicisme, n'accède au paradis que celui qui se laisse « déranger » par la joie : « Il s'agit de passer de la nuit de la foi à la vision de la gloire ! »[27]

1.1.3 Le paradis selon l'Islam

Soulignons que le paradis en islam est la maison de la paix, de la félicité et de la joie. Allah l'a réservé pour les croyants. Le paradis contient des rivières de miel pur, des rivières de lait et des rivières de khamr qui ne sont pas comme les boissons alcoolisées de ce monde qui font perdre la raison ; et il y a d'autres sortes de félicité éternelle au paradis. Au paradis, la félicité est sensible : le musulman la vit à travers son corps et son âme.

---

[26] Fabrice Hadjadj

[27] *Idem*

Selon l'islam, il existe différents degrés au paradis, certains plus élevés que d'autres. Le plus élevé des degrés au paradis est celui des prophètes, et la partie la plus élevée du paradis est appelée al-firdaws. Poursuivant dans ce même sens, le Coran soutient que : le paradis est situé sur un lieu en hauteur, des murs l'entourent et une ou plusieurs portes la percent. Il s'agit d'un jardin où coule l'eau des ruisseaux.[28]

La sourate 47:15 précisent : « La présence de quatre fleuves, l'un d'eau, le second de lait, le troisième de vin et le dernier de miel. »[29] Toujours dans cette même veine, précisons que si le paradis bénéficie dans le Coran de descriptions parfois précises, détaillant le vêtement de ses élus ainsi que les délices - notamment le vin exquis - qui attendent les croyants vertueux, ces derniers devront d'abord franchir huit portes «dont les battants sont séparés par quarante années de marche», et prendront ensuite place, selon la qualité de leurs œuvres terrestres, dans un des sept niveaux du séjour des délices, «où leur front brillera de l'éclat de la félicité».[30]

---

[28] *Le Saint Coran, Sourate 36*

[29] Idem, *sourate 47:15*

[30] *Ibid, Sourate 83*

La précision des descriptions frappe toujours les croyants d'aujourd'hui qui évoquent avec leurs mots ce lieu « où personne ne devra plus travailler. Les femmes n'auront plus de tâches domestiques, plus de fatigue, elles seront des dames et les hommes auront pour leur plaisir des vierges »,[31] selon un jeune homme rencontré aux abords de la mosquée du Cinquantenaire à Bruxelles.[32]

1.2 L'enfer

1.2.1 L'enfer selon le domaine religieux

Précisons que selon le domaine religieux, l'enfer a trait au langage eschatologique ; langage dans lequel il est question de la fin dernière. Ainsi, les Écritures Saintes enseignent qu'à la fin des temps, il y aura un jugement à l'issue duquel les méchants seront constitués en « troupeaux parqués pour l'enfer ; »[33] tandis que les généreux (justes) seront conduits au paradis. En ce sens, donc, selon le langage religieux, l'enfer existerait uniquement pour ceux qui auraient rejeté Dieu et toutes les doctrines le concernant. Jésus lui-même abordera en quelque sorte cette question en enseignant en

---

[31] *Ibidem, Propos recueillis par Laurence D'Hondt*

[32] Propos recueillis par Laurence D'Hondt

[33] *Sainte Bible selon AELF, Psaume 48, 15*

Matthieu 25 verset 31 à 46, que seuls ceux qui ont vécu selon la loi de l'amour, de la charité et du partage seront placés à sa droite au jugement dernier pour entrer dans le Royaume que le Père a préparé pour les justes depuis le commencement ; tandis que ceux-là qui auraient vécu en contradiction avec la loi de l'amour, de la charité et du partage, seront placés à sa gauche et de là seront jetés dans le feu de la géhenne et donc de l'enfer.

De ce qui précède, pourrons-nous affirmer que l'enfer est une localité quelconque ? Nul ne peut le confirmer, puisque nul n'y a été pour revenir. Cependant, si nous nous référons au chapitre 16,19 - 31 de saint Luc parlant de l'homme riche et du pauvre Lazare, on serait tenté de dire qu'il existe effectivement un lieu de supplice pour toutes les personnes qui se moquent de l'observance de la loi de l'amour, de la charité et du partage. En un mot, quiconque manquera de voir Dieu en celui qui est dans la souffrance ou dans le besoin et manquerait par conséquent de lui venir en aide se verra goûter à la souffrance de la géhenne et par ricochet de l'enfer. C'est sans doute à cet effet que saint Luc au chapitre 16,19 - 31 de son évangile nous relate la parabole de l'homme riche et du pauvre Lazare en ces termes : « Il y avait un homme riche, vêtu de pourpre et de lin fin, qui faisait chaque jour des festins somptueux.

Devant son portail gisait un pauvre nommé Lazare, qui était couvert d'ulcères. Il aurait bien voulu se rassasier de ce qui tombait de la table du riche ; mais les chiens, eux, venaient lécher ses ulcères. Or le pauvre mourut, et les anges l'emportèrent auprès d'Abraham. Le riche mourut aussi, et on l'enterra. Au séjour des morts, il était en proie à la torture ; levant les yeux, il vit Abraham de loin et Lazare tout près de lui. Alors il cria : "Père Abraham, prends pitié de moi et envoie Lazare tremper le bout de son doigt dans l'eau pour me rafraîchir la langue, car je souffre terriblement dans cette fournaise. Mon enfant, répondit Abraham, rappelle-toi : tu as reçu le bonheur pendant ta vie, et Lazare, le malheur pendant la sienne. Maintenant, lui, il trouve ici la consolation, et toi, la souffrance. Et en plus de tout cela, un grand abîme a été établi entre vous et nous, pour que ceux qui voudraient passer vers vous ne le puissent pas, et que, de là-bas non plus, on ne traverse pas vers nous." Le riche répliqua : "Eh bien ! père, je te prie d'envoyer Lazare dans la maison de mon père. En effet, j'ai cinq frères : qu'il leur porte son témoignage, de peur qu'eux aussi ne viennent dans ce lieu de torture !" Abraham lui dit : "Ils ont Moïse et les Prophètes : qu'ils les écoutent ! Non, père Abraham, dit-il, mais si quelqu'un de chez les morts vient les trouver, ils se convertiront." Abraham répondit : "S'ils n'écoutent pas Moïse ni les Prophètes, quelqu'un pourra bien ressusciter d'entre les morts : ils ne seront pas convaincus." »[34]

À ce qui précède, saint Matthieu au chapitre 25 : 31 - 46 ne dira pas le contraire ; lui qui relate les propos de Jésus en ces termes : « Quand le fils de l'homme viendra dans sa gloire, et tous les anges avec lui, alors il siégera sur son trône de gloire. Toutes les nations seront rassemblées devant lui ; il séparera les hommes les uns des autres, comme le berger sépare les brebis des boucs : il placera les brebis à sa droite, et les boucs à gauche. Alors le roi dira à ceux qui seront à sa droite : "venez, les bénis de mon père, recevez en héritage le royaume préparé pour vous depuis la fondation du monde. car j'avais faim, et vous m'avez donné à manger ; j'avais soif, et vous m'avez donné à boire ; j'étais un étranger, et vous m'avez accueilli ; j'étais nu, et vous m'avez habillé ; j'étais malade, et vous m'avez visité ; j'étais en prison, et vous êtes venus jusqu'à moi !" alors les justes lui répondront : "Seigneur, quand est-ce que nous t'avons vu… ? tu avais donc faim, et nous t'avons nourri ? tu avais soif, et nous t'avons donné à boire ? tu étais un étranger, et nous t'avons accueilli ? tu étais nu, et nous t'avons habillé ? tu étais malade ou en

---

[34] *Sainte Bible selon AELF, Lc 16:19-31*

prison… quand sommes-nous venus jusqu'à toi ?" et le roi leur répondra : "amen, je vous le dis : chaque fois que vous l'avez fait à l'un de ces plus petits de mes frères, c'est à moi que vous l'avez fait." Alors il dira à ceux qui seront à sa gauche : "allez-vous-en loin de moi, vous les maudits, dans le feu éternel préparé pour le diable et ses anges. car j'avais faim, et vous ne m'avez pas donné à manger ; j'avais soif, et vous ne m'avez pas donné à boire ; j'étais un étranger, et vous ne m'avez pas accueilli ; j'étais nu, et vous ne m'avez pas habillé ; j'étais malade et en prison, et vous ne m'avez pas visité." alors ils répondront, eux aussi : "Seigneur, quand t'avons-nous vu avoir faim, avoir soif, être nu, étranger, malade ou en prison, sans nous mettre à ton service ?" Il leur répondra : "amen, je vous le dis : chaque fois que vous ne l'avez pas fait à l'un de ces plus petits, c'est à moi que vous ne l'avez pas fait." et ils s'en iront, ceux-ci au châtiment éternel, et les justes, à la vie éternelle. »[35]

À considérer ces deux textes bibliques cités, ainsi que l'enseignement islamique mentionné plus haut, il existe effectivement un paradis et un enfer au plan religieux et surtout selon les doctrines des deux religions révélées, notamment le christianisme et l'islam. Toutefois, à y regarder de près, ne bénéficieront de cette félicité que ceux et

---

[35] *Sainte Bible selon AELF, Matt 25 :31-46*

celles qui auront mis leur foi en ce Dieu unique et/ou qui auront fait leur la pratique de la loi de l'amour d'une part et d'autre part ceux qui auront cru en Allah et en son prophète Mohamed. Comme pour dire que l'amour traduit en charité vraie, concrète et quotidienne ainsi que la foi au Dieu unique d'Abraham semble être les clés d'accès à cette félicité. Une telle conception diffère de l'entendement humain de la question du paradis ; puisque selon l'entendement humain sur la notion de paradis, il s'agit de jouir de la vie à tout égard.

1.2.2 L'enfer selon l'entendement du commun des mortels

En-dehors de la notion de l'enfer qu'a la religion, le commun des mortels fait souvent usage de ce terme et le considère comme faisant partie intégrante de son vécu quotidien. Ainsi, tout ce qui a trait à la souffrance s'avère être pour lui une sorte d'enfer. D'où le chant de l'enfer à tout bout de champ dans le vécu quotidien du commun des mortels devient monnaie courante. Dès lors, il s'avère impératif de se demander : qu'est-ce que l'enfer en réalité ? Tous les enfers, dans l'entendement du terme de la part du commun des mortels, se valent-ils ? Autrement dit, existerait-il un consensus au niveau profane et social sur le concept de l'enfer à l'instar de la connotation que celui-ci tient dans le domaine religieux ou du moins de la religion ?

À sonder les différentes questions précédentes dans une tentative de réponse, il apparaît clairement que bien qu'il existe certains critères entrant dans les normes consensuelles qualifiant sinon caractérisant l'enfer, il n'existe pas un enfer ou d'enfer en dehors de la connotation religieuse que tient ce vocable lorsqu'employé par le commun des mortels dans leur milieu propre à eux. En fait, il existe plutôt des enfers.

De là, l'enfer se montre comme étant un parent à la vérité, puisque la vérité est aussi conventionnelle. En effet, bien qu'il existe des normes consensuelles et conventionnelles pouvant qualifier la vérité ou déterminer la vérité, ce qui est vrai, la vérité se montre très souvent comme un carrefour à mille chemins. D'où, il n'existe pas une vérité, mais la vérité ou des vérités. C'est d'ailleurs en ce sens que la vérité est comparable à l'horizon perçu dans l'admiration de l'océan. En effet, de loin, l'impression que l'on a dans cette contemplation est qu'il semble que la voûte et la mer se touchent, mais au fur et à mesure que l'on s'en approche, ce point de mire s'éloigne davantage.

Ceci pour dire que la vérité est toujours fuyante ; elle est irrattrapable. D'où, elle se présente comme ce carrefour à mille chemins. Et c'est en ce sens qu'elle se montre comme sœur de l'enfer. Car il n'existe pas d'enfer humainement parlant, mais plutôt des enfers. De là, il apparaît clairement que le concept de l'enfer au plan humain ne peut être évoqué que de façon individuelle et donc subjective. C'est donc dans l'œil d'un quelconque individu que, peut être lu l'enfer. Il s'ensuit que ce qui est ou peut être qualifié ou jugé comme un enfer pour l'un, peut ne pas être forcément le cas pour l'autre.

Pourrait-on pousser encore plus loin notre réflexion en soulignant que l'enfer de l'un peut être vu comme un paradis pour l'autre ? Et à cette phase de notre réflexion, il va sans dire que l'enfer en lui-même en dehors de son sens religieux n'existe pas humainement parlant. En réalité, il n'existe que des questions de goût qui sont d'ailleurs indiscutables, et partant de cela, des questions de désirs souvent insatisfaits.

Dès lors une question émerge de façon explicite et inévitable : en effet le désir de l'homme peut-il être satisfait une fois pour toutes ou alors de façon définitive ? La réponse à cette question s'avère être la négation : puisque le désir de l'homme est comparable à l'oiseau mythique appelé le Phoenix, qui vit et au soir de sa vie se consume dans un feu et renaît de sa cendre, c'est donc ainsi que le désir de l'homme fonctionne. En effet, une fois satisfait, ce même désir engendre un autre désir encore plus brûlant ou féroce que le précédent et ainsi de suite à n'en point finir jusqu'au soir de la vie de l'homme.

Le problème de l'enfer au plan humain et dans son appréhension dans l'ici et maintenant de l'homme s'inscrit donc dans cette lignée du caractère indiscutable du goût et aussi dans le domaine de l'insatiabilité du désir de la personne humaine. D'où, ce que l'un perçoit comme son enfer ici-bas est contrairement perçu par un autre comme son paradis dans le même vécu d'ici-bas.

Dans cette même perspective, faire la mission en brousse ou du moins au village (paroisse modeste) peut être considéré par un quelconque ministre ordonné et/ou personne consacrée comme un enfer tandis que c'est le paradis pour un autre qui fait la mission en ville. Et même ce ministre ordonné au village ou du moins sur une paroisse rurale se plaignant de tout, est perçu par la population rurale avec qui celui-ci vit comme le bourgeois de la cité, c'est-à-dire du dit village, puisqu'il a en sa possession le minimum qui puisse rendre un homme heureux. Dès lors, son enfer s'avère être le paradis envié par l'autre. Il va sans dire que si l'on ne se contente pas de ce qu'on a sous la main, en rendant grâce à Dieu pour le peu qu'il pense avoir, il finira par endommager son organisme et partant toute son existence par des maladies résultant de son insatisfaction et de sa frustration.

Il surgit de ce qui précède que la vraie mission ou du moins la meilleure manière de faire la mission, c'est-à-dire de servir la sainte Eglise catholique dans la vie sacerdotale ministérielle et/ou consacrée relativement à la mission de celle-ci, c'est de se contenter de l'endroit où l'on se retrouve et de l'accepter comme l'endroit où le maître de la moisson qui est à l'origine de toute vocation, veut que nous travaillions en sa vigne.

En effet, avant de mépriser, de renoncer ou de rejeter un quelconque lieu de mission, des questions fondamentales doivent nous passer par l'esprit : ceux qui vivent sur ces terres ou dans ces lieux de mission n'ont-ils pas eux aussi besoin de Jésus-Christ ? Autrement dit, n'ont-ils pas eux aussi faim et soif de la Bonne Nouvelle de notre Seigneur Jésus-Christ, le Verbe incarné ? Le Christ, dont nous partageons le sacerdoce, n'était-il pas lui-même allé de village en village et de ville en ville pour témoigner de la vérité, annoncer le salut parce que cela faisait partie de sa mission sur terre ? Avait-il choisi uniquement les villes pour proclamer la Bonne Nouvelle ou alors avait-il sélectionné les grandes villes pour y annoncer l'Évangile ? Absolument non ! Mais, partout où il était passé, il en profitait pour faire du bien en proclamant l'Évangile et guérissant tous les malades qu'il rencontrait sur son chemin. Alors, surgit cette fondamentale question que tout ministre ordonné ainsi que toute personne consacrée dont la consécration est de prendre une part active dans la mission de la sainte Église Catholique : ai-je répondu à la vocation sacerdotale ministérielle et/ou vie consacrée pour choisir là où je veux partir ou alors pour partir là où la mission de la sainte Église Catholique a besoin de moi ?

En d'autres termes, ai-je répondu à l'appel de Dieu à la vie sacerdotale ministérielle et/ou consacrée, pour suivre le Christ dans son obéissance et dans sa docile-détermination à faire la volonté du Père ou alors ai-je répondu à cet admirable appel de Dieu afin de me suivre moi-même ?

Car juger ou qualifier une terre ou un lieu de mission quelconque d'infernal, c'est en réalité se suivre soi-même et non pas suivre le Christ dans son obéissance et sa docile-détermination à faire la volonté de Dieu le Père ; puisque dans une vraie réponse à l'appel de Dieu à son service et au service de son peuple, la notion du choix et du goût n'a pas sa place ; mais l'on est appelé à se laisser guider par le vent de l'Esprit dans un élan de disponibilité pour aller partout où ce vent nous pousse.

Et c'est bien là, le vrai sens de la réponse à l'appel de Dieu dans la vie sacerdotale ministérielle, et même dans toute vie consacrée. Parce que, sans cette notion de la chose, il serait mieux que l'on refuse de répondre à cet appel admirable de Dieu à le servir et à servir son peuple. Car, le Christ, ne disait-il pas dans l'Évangile : « que votre oui soit oui et que votre non soit non ?»[36] Par ailleurs ne stipulait-il pas en Luc 11 : 62 que : «celui qui met la main à la charrue et qui regarde en arrière n'est pas fait pour le Royaume des cieux?»[37] De là, il apparaît clairement que la retraite aux missionnaires prêché par le vénérable Mgr Melchior de Marion Brésillac fait ici office d'illustration. En effet, le fondateur de la Société des Missions Africaines questionnait les retraitants en ces termes : « Que cherchez-vous ? Les honneurs, ne venez pas ici ! La gloire ? Ne venez pas ici ! De l'argent ? Ne venez pas ici ! De l'amitié ? Ne venez pas ici ! De la reconnaissance pour ce que vous avez fait ? Ne venez pas ici ! Mais si sûr et convaincu de votre vocation, vous cherchez Jésus Christ ; Jésus pauvre, Jésus humilié, Jésus

---

[36]*Sainte Bible selon AELF,*

[37] *Sainte Bible selon AELF, Lc11 :62*

souffrant, Jésus crucifié; alors venez! Empressez-vous de venir (…) »[38]

De ce qui précède, il apparait clairement que l'ignorance et le manque de méditation profonde sur cette réflexion ou du moins sur ce discours du vénérable Mgr Melchior de Marion Brésillac, fondateur de la Société des Missions Africaines, pourrait être à l'origine d'un quelconque regret, refus ou rejet du lieu de mission où l'on se retrouve ou alors où il est envoyé. Alors, il va falloir se demander si notre réponse affirmative à la vocation à la vie consacrée est une réponse au projet de Dieu sur nous et pour son Église ou bien un plan de réalisation d'un projet personnel ?

---

[38] Mgr Melchior de Marion Brésillac, Retraite aux Missionnaires

CHAPITRE II :

LA VIE CONSACRÉE

UNE RÉPONSE AU PROJET DE DIEU SUR SOI OU LA RÉALISATION D'UN PROJET PERSONNEL ?

Précisons de prime abord qu'ici réside le centre de notre réflexion et que cette question fondamentale se trouve être à la base de ce livre. En effet, après avoir côtoyé des personnes consacrées sous toutes les dimensions du terme, à l'appui de mon expérience en tant que prêtre missionnaire ayant travaillé également dans l'administration cléricale pendant un certain nombre d'années, il n'a pas été rare d'observer des attitudes qui poussent à l'étonnement lorsque les affectations et/ou nominations des personnes consacrées étaient officialisées chaque année.

De ces attitudes et réactions, naissent deux catégories de personnes consacrées, à savoir les disponibles au projet de Dieu sur eux/elles et les opposants ou indisponibles qui ont parfois, même à tort ou à raison, le soutien de certains fidèles chrétiens. C'est donc le constat de l'existence de ces deux écoles qui nous a poussés à nous interroger de façon suivante : La réponse à la vocation à la vie consacrée : sacerdotale ou religieuse, est-ce une réponse au projet de Dieu sur soi ou la réalisation d'un projet personnel ? Pour parvenir à une réponse à cette question fondamentale, il convient de chercher à comprendre tous les éléments qui gravitent autour du terme de la vie consacrée sous la grande partie de ces dimensions. À l'issue de cette aventure terminologique, nous parviendrons à comprendre si la réponse à l'appel de Dieu à travers la vie consacrée quelle que soit sa dimension se vit en projet de Dieu sur soi ou en canal de réalisation d'un projet personnel voire même d'ascension sociale.

2   Définition de termes

2.1. Vocation à la vie consacrée

Avant de nous pencher sur la question de la vie consacrée, il convient de chercher à comprendre ce que c'est que la vocation. Ainsi, il convient de retenir avec le pasteur réformé, Aaron KAYAYAN que le mot « vocation » est employé couramment dans deux sens nettement distincts : dans un sens qu'on peut appeler « profane » et dans un sens spirituel ou chrétien.

Dans le premier sens, un homme répond à sa vocation quand il réalise ce à quoi l'appellent ses capacités particulières, ses goûts personnels, sa sensibilité à la beauté (l'artiste), à la souffrance des hommes (le médecin), à la puissance de la parole (l'avocat), à la justice (le juge, le militant défenseur des minorités ou de tel ou tel groupe professionnel), à la séduction de l'argent (le banquier), etc.

Il s'agit dans tous ces cas pour l'homme de se réaliser lui-même, de tirer le plus pleinement possible de sa personne, de ce qu'elle est capable, à son sens, de donner de meilleur. En le faisant, consciemment, ou pas, l'homme recherche son propre bonheur (tant mieux si cette recherche fait aussi le bonheur de certains autres autour de lui, mais, sauf pour certaines des « vocations » citées, ce n'est pas le but recherché).

Au sens spirituel du mot vocation, il s'agit encore d'un appel, mais ce n'est pas l'homme qui s'appelle lui-même, il est appelé du dehors : Dieu l'appelle, et cet appel ne correspond pas toujours aux capacités particulières de l'appelé (Moïse avait la langue embarrassée et Dieu l'envoie « parler »). On peut même dire que l'homme est toujours incapable de faire seul ce que Dieu lui demande, et que c'est seulement par une quête continuelle du Saint-Esprit qu'il réalisera sa vocation. Dieu appelle moins l'homme à se réaliser qu'à réaliser une œuvre divine pour laquelle ses forces sont toujours insuffisantes.

C'est sans doute pour que cela apparaisse clairement que Dieu appelle souvent à telle ou telle tâche précise ceux qui sembleraient à première vue les moins capables. Les disciples de Jésus, qu'il charge les premiers d'annoncer l'Évangile au monde, en sont un bon exemple. Mais il n'en est pas toujours ainsi (l'apôtre Paul avait des capacités d'argumenter et d'évangélistes indéniables, et une culture raffinée, mais aussi une « écharde dans la chair » chargée de lui rappeler son incapacité.)[39]

L'on pourrait donc déduire de ce qui précède que la vocation, dans le cadre de la foi chrétienne, est un appel unique et personnel de Dieu, inscrit en chaque personne, créé par Dieu. Chaque personne humaine reçoit cet appel pour y donner réponse dans la liberté de l'amour, en vue de son bonheur. Chacun est ainsi appelé mystérieusement par Dieu et à répondre à Dieu en donnant sa vie ou non.

Celui ou celle qui répond à cet appel de Dieu est ainsi associé, dans sa vie, au mystère pascal de Jésus, au passage vers une vie en plénitude. Si telle est la compréhension que nous devons avoir de la vocation au sens spirituel et chrétien dans sa généralité, puisque celle-ci est pluridimensionnelle, alors ne manquons pas de dire de la vie consacrée ce qui suit.

En effet, la vie consacrée désigne aujourd'hui l'état de vie qui s'engage au célibat à cause du Christ et de l'Évangile, et cette vie consacrée recouvre traditionnellement : la vie religieuse, apostolique, monastique et missionnaire, ainsi que les instituts séculiers, les sociétés de vie apostolique, les ermites, l'ordre des vierges

---

[39] Propos d'un Pasteur Reformé, Aaron KAYAYAN

consacrées et les veuves consacrées. Par ailleurs, soulignons avec le pape Jean Paul II, de vénérée mémoire, dans son exhortation post-synodale Vita Consecrata, en son numéro 3, qu'en réalité, «la vie consacrée est placée au cœur même de l'Église comme un élément décisif pour sa mission, puisqu'elle « fait comprendre la nature intime de la vocation chrétienne » et la tension de toute l'Église-Épouse vers l'union avec l'unique Époux. »[40] Il poursuit pour dire que :

« La vie consacrée, profondément enracinée dans l'exemple et dans l'enseignement du Christ Seigneur, est un don de Dieu le Père à son Église par l'Esprit. Grâce à la profession des conseils évangéliques, les traits caractéristiques de Jésus — chaste, pauvre et obéissant — deviennent « visibles » au milieu du monde de manière exemplaire et permanente et le regard des fidèles est appelé à revenir vers le mystère du Royaume de Dieu, qui agit déjà dans l'histoire, mais qui attend de prendre sa pleine dimension dans les cieux. Au cours des siècles, il y a toujours eu des hommes et des femmes qui, dociles à l'appel du Père et à la motion de l'Esprit, ont choisi la voie d'une sequela Christi particulière, pour se donner au Seigneur avec un cœur « sans partage » (cf. 1 Co 7, 34). Eux

---

[40] Pape Jean Paul II de vénérée mémoire dans son *Exhortation Post-Synodale Vita Consecrata* N°3

aussi, ils ont tout quitté, comme les Apôtres, pour demeurer avec lui et se mettre, comme lui, au service de Dieu et de leurs frères. Ainsi, ils ont contribué à manifester le mystère et la mission de l'Église par les multiples charismes de vie spirituelle et apostolique que leur donnait l'Esprit Saint, et ils ont aussi concouru par le fait même à renouveler la société. »[41] Ce qui précède souligne de prime abord que la vie consacrée, qu'elle soit une vie religieuse apostolique, monastique, missionnaire, d'instituts séculiers, de sociétés de vie apostolique, d'ermitage, de l'ordre des vierges consacrées et les veuves consacrées etc. La vie consacrée, dirons-nous, manifeste de manière particulière cette suite du Christ. À côté de ces définitions, regardons de plus près le sacrement de l'ordre. En effet, au sein de l'Église Catholique, le service de la communauté est assuré plus particulièrement par les évêques, les prêtres et les diacres, que l'on appelle « ministres ordonnés ».

« La vie consacrée « imite de plus près et représente continuellement dans l'Église », grâce à l'élan donné par l'Esprit Saint, la forme de vie que Jésus, premier consacré et premier missionnaire du Père pour son Royaume, a embrassée et proposée

---

[41] *Idem, No1*

aux disciples qui le suivaient (cf. Mt 4, 18-22 ; Mc 1, 16-20 ; Lc 5, 10-11 ; Jn 15, 16). »[42]

Leur mission dans l'Église leur est confiée, au nom de Jésus-Christ, par le sacrement de l'ordre, généralement appelé « ordination ».

Le sacrement de l'ordre se caractérise par l'imposition des mains et la prière de consécration prévue.

Ce sacrement est conféré une fois pour toutes. Le ministre ordonné manifeste à tous, que c'est le Christ qui appelle, rassemble et envoie sur les chemins du monde. Le chapitre 16 verset 15 de saint Marc fait écho ici en ces termes : « Puis il leur dit : « Allez dans le monde entier. Proclamez l'Évangile à toute la création. »[43] Dans ce verset, il apparaît clairement que l'appel et l'envoi en mission se conjuguent simultanément. Même si ici l'appel n'est pas explicitement mentionné par saint Marc dans son évangile, il saute quand même aux yeux que nul ne peut être envoyé en mission s'il n'a d'abord reçu un appel. À ce sujet, ce n'est pas saint Paul qui dira le contraire, lui qui écrivait aux Romains en ces termes :

---

[42] *Idem*, No22

[43]*La Sainte, Mc 16 :15 selon AELF*

« En effet, quiconque invoquera le nom du Seigneur sera sauvé. Or, comment l'invoquer, si on n'a pas mis sa foi en lui ? Comment mettre sa foi en lui, si on ne l'a pas entendu ? Comment entendre si personne ne proclame ? Comment proclamer sans être envoyé ? Il est écrit : Comme ils sont beaux, les pas des messagers qui annoncent la Bonne nouvelle ! »[44] Il découle de tout ce qui précède qu'accepter d'être consacré (ée) ou ordonné présuppose déjà un appel reçu de la part de Dieu auquel la personne s'est montrée ouverte en y répondant. Toutefois, il convient de prendre conscience que notre réponse à cet appel ne fait pas dudit appel notre projet personnel, mais celui de Dieu qui nous appelle.

Ainsi, l'appel est subordonné à un envoi et donc à une mission. Saint Paul le souligne clairement dans ses versets cités plus haut que, pour que le peuple de Dieu puisse invoquer Dieu, il faut d'abord que celui-ci ait de la foi et cette foi s'acquiert à l'entente ou écoute de la parole de Dieu. Cette parole à elle seule ne peut être entendue si elle n'est pas proclamée et pour que sa proclamation soit possible, il faut que l'on reçoive un appel et un envoi en mission. C'est à ces fins

---

[44] *La Saint Bible Catholique, Rm 10 :13-15 selon AELF*

que le projet de Dieu sur l'appelé parvient à sa réalisation.

C'est certainement pour aborder dans le même sens que Jacques Hervieux pour sa part, écrit au sujet de Marc 16 : 15 que : « L'envoi en mission a été le but même des apparitions de Jésus. Il poursuit pour dire que l'universalisme de cet envoi est partant en ce sens qu'on peut mesurer l'extraordinaire prise de conscience de la primitive Eglise. Elle se sait appelée à porter l'Evangile à tous les hommes, à la création entière. »[45]

L'on pourrait même pousser plus loin la réflexion en disant que la mission d'annoncer l'Évangile aux nations est inséparable de sa découverte personnelle du Christ, parce que l'on ne peut donner que ce qu'il a. Ceci pour dire que toute personne se prétendant être appelée par le Christ à une vocation particulière de vie consacrée, et à qui il manquerait de l'expérience personnelle avec le Christ, manquera certainement tôt ou tard d'appréhender la vocation à la vie consacrée comme un projet de Dieu sur l'appelé et non pas un projet personnel.

Par conséquent, si l'on a bien fait son cycle de formation au grand séminaire et pris le temps de

---

[45] Jacques Hervieux, *L'évangile de Marc*, Bayard Éd. Centurion, Paris, 1991 p. 238.

bien discerner sa vocation, normalement, il ne devrait pas y avoir ni choix ni refus de mission ou de paroisse sous quelques prétextes que ce soit. Car la formation à la vie sacerdotale ministérielle dure assez longtemps pour permettre aux candidats de bien réfléchir, bien discerner et enfin prendre une décision de s'engager ou de quitter librement. Nul n'est forcé à consacrer sa vie à Dieu pour sa sainte Église à travers la vie sacerdotale ministérielle et/ou consacrée.

C'est en ce sens que, par exemple, chez les pères de la société des Missions Africaines, à la 9ème année de la formation au grand séminaire, la lettre manuscrite de demande du sacrement de l'ordre au diaconat, tout comme celle au presbytérat à la 10ème année de la formation, doit impérativement comporter les affirmations suivantes de la part du candidat. En effet, il doit écrire dans sa lettre de demande d'ordination au diaconat, tout comme à la prêtrise: « (…) Connaissant les exigences de la vie sacerdotale missionnaire et conscient des constitutions et lois de la Société des Missions Africaines, je demande librement et sans aucune pression extérieure à être ordonné diacre ou prêtre afin de prendre part aux activités missionnaires de l'institut, »[46] qu'il soit en 9ème année ou 10ème année de sa formation.

En plus de ce qui précède, le serment perpétuel que doit faire tout candidat à la vie sacerdotale missionnaire au sein de la Société des Missions Africaines avant son ordination diaconale stipule clairement selon les constitutions et lois de l'Institut ce qui suit : « Moi, X de l'Eglise de Dieu qui est à Abengourou ou le diocèse d'origine de l'individu, appelé par le Seigneur à annoncer l'Evangile aux nations, et spécialement en Afrique, connaissant le but de la Société des Missions Africaines, je fais le serment d'y demeurer pour le reste de ma vie afin de prendre part à sa vie et à son activité missionnaire.

J'accepterai les tâches qui me seront confiées par mes supérieurs.

Je promets de suivre le Christ et de tendre à la perfection de la charité, par l'annonce de l'Evangile, par le témoignage du célibat par amour du Royaume et par l'observance des constitutions et lois de la Société.

Je prends Dieu à témoin de cet engagement et je le prie de m'aider à le tenir »[47]

---

[46] Extrait de l'exemplaire de lettre de demande d'admission aux ordres sacrés dans la Société des Missions Africaines

Alors, faire un tel serment solennel qui engage en réalité son honneur et revenir après faire le tri des missions que l'on veut faire ou accepter, c'est non seulement se moquer de Dieu, mais aussi manquer d'être un homme de parole qui vend son honneur à moindre coût au bénéfice de son prétendu paradis. C'est pourquoi à la fin de mon mandat comme secrétaire provincial de Côte d'Ivoire, mandat que je pouvais renouveler, mais que j'avais décidé de ne pas renouveler pour accepter toute autre mission qui me serait confiée. Ainsi, lorsque le Conseil Provincial m'avait demandé de choisir le lieu de ma nouvelle mission, je lui ai dit que je n'avais pas de choix à faire pour ce qui concerne le lieu où je dois répondre à mon engagement missionnaire prochain. Parce que ce choix, je l'avais déjà fait avant mon ordination diaconale, par ma demande d'admission au diaconat et au presbytérat, ainsi que par le serment permanent prononcé en son temps, par lesquels, j'avais accepté de m'engager à prendre une part active dans la vie et les activités missionnaires de la Société des Missions Africaines.

Par conséquent, là où la mission a besoin de moi, envoyez-moi ; comme le stipulait d'ailleurs ma devise d'ordination presbytérale extraite du livre

---

⁴⁷ *Constitutions et Lois* de la Société des Missions Africaines

du prophète Isaïe en son chapitre 6 : 8 qui dit ceci : « J'entendis alors la voix du Seigneur qui disait : « Qui enverrai-je ? Qui sera notre messager ? » Et j'ai répondu : « Me voici : envoie-moi ! »[48]

Le Conseil était étonné d'une telle réponse de ma part alors que j'avais la possibilité de choisir le lieu de ma prochaine mission. Mais pour moi, faire un choix de mission ou refuser une mission quelconque de la part de la sainte Eglise catholique à travers ses autorités ecclésiales compétentes, c'est non seulement montrer que l'on a raté sa vocation ou que l'on n'est pas à sa place dans la vie sacerdotale ministérielle et/ou consacrée, mais aussi c'est manquer d'être un homme de parole, un homme d'honneur.

En un mot, c'est manquer d'être conséquent ou honnête avec soi-même, c'est profiter de la réponse au prétendu appel de Dieu pour réaliser son projet personnel. Car Dieu n'appelle pas sans confier de mission spécifique et si nous ne sommes pas auteurs pas plus que premier protagoniste de notre vocation, alors en aucun cas, nous ne pouvons choisir une mission quelconque au détriment d'une autre ou du moins à des fins subjectives ; puisque la vocation reste un mystère entre l'appelant (Dieu) et l'appelé (la personne humaine). En refusant une

---

[48] *La Saint Bible Catholique, Is 6 :8 selon AELF*

quelconque mission ou service par intérêt personnel, ne serions-nous pas assez prétentieux par là en cherchant à être au-dessus du maître de la moisson qui appelle, alors que le Christ, dont les prêtres catholiques actuels que nous sommes partagent le sacerdoce, n'avait-il pas dit solennellement à ses disciples que : « Le serviteur n'est pas au-dessus de son Maître ? »[49]

Nous-mêmes, en tant qu'êtres humains, posons-nous la question de savoir : est-il possible que nous appelions un enfant pour l'envoyer et dès qu'il arrive, il nous dit ''vous m'avez appelé, alors je vais à la boutique vous acheter du pain'' alors que ce n'est pas pour l'achat de pain que nous avions demandé qu'il vienne ? Certes, nous l'avons appelé pour l'envoyer, mais pas pour nous acheter du pain à la boutique.

Et ce, il en va de même pour toutes les personnes qui s'engagent dans la vie sacerdotale ministérielle sous quelques dénominations que ce soit. Car, la profession de foi et le serment de fidélité avant l'ordination diaconale qui précède l'ordination presbytérale restent les mêmes. En effet, dans cette profession de foi et ce serment de fidélité, voici ce que nous disons librement de nos propres lèvres sans aucune pression extérieure :

------

[49] *La Saint Bible Catholique, Jn13 :16 selon AELF*

PROFESSION DE FOI

Formule à utiliser dans les cas où la "Profession de foi" est prescrite par le droit.

Moi, N., avec une foi ferme, je crois et professe toutes et chacune des vérités contenues dans le symbole de la foi, à savoir :

Je crois en un seul Dieu, le Père tout-puissant, créateur du ciel et de la terre, de l'univers visible et invisible. Je crois en un seul Seigneur, Jésus-Christ, le Fils unique de Dieu, né du Père avant tous les siècles : il est Dieu, né de Dieu, lumière, née de la lumière, vrai Dieu, né du vrai Dieu, engendré, non pas créé, de même nature que le Père, et par lui tout a été fait. Pour nous les hommes, et pour notre salut, il descendit du ciel ; par l'Esprit Saint, il a pris chair de la Vierge Marie, et s'est fait homme. Crucifié pour nous sous Ponce Pilate, il souffrit sa passion et fut mis au tombeau. Il ressuscita le troisième jour, conformément aux Ecritures, et il monta au ciel ; il est assis à la droite du Père. Il reviendra dans la gloire, pour juger les vivants et les morts ; et son règne n'aura pas de fin. Je crois en l'Esprit Saint, qui est Seigneur et qui donne la vie, il procède du Père et du Fils ; avec le Père et le Fils, il reçoit même adoration et même gloire ; il a parlé par les prophètes. Je crois en l'Eglise, une sainte, catholique et apostolique. Je reconnais un seul baptême pour le pardon des péchés. J'attends la résurrection des morts, et la vie du monde à venir. Amen.

Avec une foi ferme, je crois aussi toutes les vérités qui sont contenues dans la Parole de Dieu écrite ou transmise par la tradition et proposées par l'Eglise pour être crues comme divinement révélées, soit en vertu d'une décision solennelle, soit par le Magistère ordinaire et universel. Fermement encore, j'embrasse et tiens toutes et chacune des vérités que l'Eglise propose de façon définitive concernant la doctrine sur la foi et les mœurs.

De plus, avec une soumission religieuse de la volonté et de l'intelligence, j'adhère aux doctrines qui sont énoncées, soit par le Pontife romain, soit par le collège des évêques, lorsqu'ils exercent le magistère authentique, même s'ils n'ont pas l'intention de les proclamer par un acte définitif.[50]

---

[50] Extrait du Credo de Nicée Constantinople

SERMENT DE FIDÉLITÉ DANS L'EXERCICE D'UNE FONCTION AU NOM DE L'EGLISE

(Formule à utiliser par les fidèles dont il est question au canon 833, n. 5-8)

Moi N., en assumant la fonction de..., je promets que je garderai toujours la communion avec l'Eglise catholique, tant dans les prises de parole que dans la manière d'agir.

Avec beaucoup de zèle et une grande fidélité, je m'acquitterai de mes devoirs envers l'Eglise, aussi bien envers l'Eglise universelle qu'envers l'Eglise particulière dans laquelle j'ai été appelé à accomplir, selon les prescriptions du droit, mon service.

Dans l'accomplissement de la charge qui m'a été confiée au nom de l'Eglise, je conserverai en son intégrité le dépôt de la foi ; je le transmettrai et l'expliquerai fidèlement ; je me garderai donc de toutes les doctrines qui lui sont contraires.

Je suivrai et favoriserai la discipline commune de toute l'Eglise, et je maintiendrai l'observance de toutes les lois ecclésiastiques, surtout de celles qui sont contenues dans le code de droit canonique.

Par obéissance chrétienne, je me conformerai à ce que les pasteurs déclarent en tant que docteurs et maîtres authentiques de la foi ou décident en tant que chefs de l'Eglise, et j'apporterai fidèlement mon aide aux évêques diocésains, pour que l'action apostolique, qui doit s'exercer au nom de l'Eglise et sur son mandat, se réalise dans la communion de cette même Eglise.

Qu'ainsi Dieu me vienne en aide, et les saints Evangiles de Dieu que je touche de mes mains.[51]

À la fin de cette profession de foi et de ce serment de fidélité avant l'ordination diaconale, le candidat signe de ses mains ainsi que le délégué légal de l'Église qui a été témoin de cet engagement solennel. Et donc, faire une telle profession de Foi et un tel serment de fidélité et revenir par la suite refuser des affectations et/ou nominations sous prétexte qu'elles sont des enfers, c'est montrer clairement que l'on n'a pas répondu à son prétendu appel de Dieu pour le projet de Dieu sur soi et pour sa sainte Église catholique, mais plutôt pour la réalisation d'un projet personnel.

Il va sans dire que toutes les personnes ou agents pastoraux qui s'engagent à la vie consacrée et/ou au sacerdoce ministériel, et qui refusent des missions ou font le tri de missions, font preuve d'échec de discernement vocationnel. Car, aucun gendarme ou militaire après avoir fait son engagement solennel au drapeau de son pays ne

---

[51] Magistère de l'Église catholique

reviendra dire au commandant suprême de son unité qu'il n'est pas soldat pour une opération quelconque qui engage à la sécurité et à la défense des populations et de leurs biens et surtout qui engage à la défense et la sauvegarde de l'honneur du drapeau de son pays.

N'est-ce pas pour cette raison d'ailleurs que lors d'une opération quelconque, si un soldat venait à encaisser des balles et en meurt, il est dit que ce dernier est tombé au champ d'honneur ? Si eux militaires sont disponibles pour toutes missions en vue de défendre l'honneur du drapeau de leur pays en assurant inéluctablement la sécurité et la défense des populations et de leurs biens, combien plus il serait noble pour le prêtre (ministre ordonné) ou la personne consacrée de se rendre disponible à la sainte Église Catholique en acceptant toute mission qui lui sera confiée en vue du salut des âmes, de sa propre sanctification et pour la plus grande gloire de Dieu !

Si nous perdons de vue ces trois aspects essentiels (le salut des âmes, sa propre sanctification en tant que ministre ordonné et/ou personne consacrée et nos actions et services pour la plus grande gloire de Dieu) dans l'accueil des missions qui nous sont confiées par la sainte Église, à travers ses autorités ecclésiales compétentes, alors nous nous rendons coupables des faits que voici :

Échec de discernement vocationnel dans la vérité ;

Réalisation de projet personnel au détriment d'une réponse sérieuse et sincère à l'appel de Dieu pour le projet de Dieu sur soi et pour sa sainte Église.

Prise de la vie sacerdotale ministérielle et/ou consacrée comme un moyen d'ascension sociale.

Et tous ces éléments montrent que nous ne suivons pas le Christ, mais c'est le Christ qui doit nous suivre, puisque suivre le Christ, c'est chercher à avoir en nous les mêmes sentiments, les mêmes désirs que lui. En ce sens, les « conseils évangéliques » constituent une voie privilégiée et expérimentée pour ce travail intérieur. Ainsi pouvons-nous relire le 1er paragraphe de Vita Consecrata du Pape Jean-Paul II, de vénérée mémoire, qui dit ceci : « La Vie consacrée, profondément enracinée dans l'exemple et dans l'enseignement du Christ Seigneur, est un don de Dieu le Père à son Église par l'Esprit. Grâce à la profession des conseils évangéliques, les traits caractéristiques de Jésus — chaste, pauvre et obéissant — deviennent « visibles » au milieu du monde de manière exemplaire et permanente et le regard des fidèles est appelé à revenir vers le mystère du Royaume de Dieu, qui agit déjà dans l'histoire, mais qui attend de prendre sa pleine dimension dans les cieux. »[52]

Dans cette suite du Christ – Sequela Christi –, chasteté, obéissance et pauvreté manifestent, pour une part, l'orientation de fond que chaque personne essaie de donner à ce qui constitue son désir profond et le sens de sa vie. Inscrites au cœur de la vie spirituelle, ces trois orientations concernent nos rapports avec le pouvoir, la sexualité et l'avoir, trois domaines du désir profond de l'être humain.

Notons qu'au cours des siècles, il y a toujours eu des hommes et des femmes qui, dociles à l'appel du Père et à la motion de l'Esprit, ont choisi la voie d'une Sequela Christi particulière, pour se donner au Seigneur avec un cœur « sans partage » comme le dira saint Paul en 1 Cor 7,34. Eux aussi, ils quittent tout, comme les Apôtres, pour demeurer avec lui et se mettre, comme lui, au service de Dieu et de leurs frères et sœurs. Ainsi, ils contribuent à manifester le mystère et la mission de l'Église par les multiples charismes que leur donne l'Esprit Saint, et ils travaillent ainsi à renouveler la société en général.

En d'autres termes, la vie consacrée désigne aujourd'hui l'état de vie de toute personne ou tout

---

[52] Sa Sainteté le Pape Jean Paul II, 1er paragraphe de Vita *Consecrata*

groupe de personnes qui s'engagent au célibat à cause du Christ et de l'Évangile. Elle recouvre traditionnellement les formes de vie suivantes : la vie religieuse apostolique, monastique et missionnaire, les instituts séculiers, les sociétés de vie apostolique, les ermites, l'ordre des vierges consacrées et les veuves consacrées.

De tout ce qui précède, nous pouvons déduire que la vie consacrée est un don de Dieu le Père à son Église par l'Esprit selon l'exhortation apostolique post-synodale Vita Consecrata. Ainsi, l'on s'y engage non pas par désir personnel ni par contrainte, mais par pure vocation de la part de Dieu, afin de suivre le Christ en cherchant à avoir en soi les mêmes sentiments, les mêmes désirs que lui. De ce fait, il convient de retenir que la vie consacrée ne peut être qu'un projet de Dieu. Ceci sous-entend que nul ne doit s'y engager s'il ou elle n'a d'abord reçu l'appel de la part de Dieu qui est le Maître de la moisson.

Car, à s'engager à la vie sacerdotale ministérielle et/ou consacrée sans une vocation authentique, il sera difficile de laisser le projet de Dieu passer en soi. Or, dans cet état de vie qui est de suivre le Christ et de le faire connaître de par le monde entier, on n'est plus ici dans la perspective d'un projet personnel, mais celui de Dieu. Parce que dans le projet personnel, l'individu demande au Christ de le suivre plutôt que lui de suivre le

Christ. Alors que dans la perspective du projet de Dieu bien entendu dans cet état de vie, c'est l'appelé qui suit le Christ et cherche à le faire connaître afin de lui gagner de nombreuses âmes et non pas le Christ qui suit l'appelé pour obéir à son désir de missions paradisiaques.

En fait, dans la vie consacrée, se faire suivre par le Christ, c'est le fait de manquer de reconnaitre que notre réponse à l'appel de Dieu, et par ricochet notre engagement au service de l'Eglise et de nos frères et Sœurs à travers la vie sacerdotale ministérielle et/ou consacrée, est en réalité un don de Dieu n'ayant pour objectif que de le faire connaitre à nos frères et sœurs en vue d'un renouveau de la société.

Dans la vie consacrée, se faire suivre par le Christ et non pas suivre le Christ, c'est se focaliser et rester fixer sur ses propres intérêts dans son engagement vis-à-vis de Dieu et de son Église au mépris de l'intérêt de l'Église et des âmes. Et à une telle phase de la Sequela Christi, des attitudes volontaires et sans précédent s'afficheront dans la soumission du ministre ordonné et/ou personne consacrée, tels que le refus de certaines affectations et/ou nominations, ainsi que tout autre service lui venant de ses autorités ecclésiales compétentes sans oublier l'argumentation sur les missions ou paroisses infernales qui ne manqueront jamais dans les discours de cette catégorie de ministres ordonnés et/ou personnes consacrées.

Face à de telles attitudes dans le domaine de la vie consacrée, nous sommes parfois poussés à nous interroger si aux différents envois en mission qu'a effectué le Christ lui-même, que ce soit l'envoi des douze ou l'envoi des soixante-douze selon Mc 6 : 7 et Lc 10 : 1 - 2, ceux-ci auraient-ils imposé au Christ là où ils voulaient aller ? En effet, respectivement, les deux textes nous disent clairement ce qui suit : « Il appela les douze ; alors il commença à les envoyer en mission deux par deux. Il leur donnait autorité sur les esprits impurs (…). »[53] Le Christ, pour être encore plus concret au sujet de l'appel et de l'envoi en mission, se fait dire par saint Luc ce qui suit : « Après cela, parmi les disciples le Seigneur en désigna encore soixante-douze, et il les envoya deux par deux, en avant de lui, en toute ville et localité où lui-même allait se rendre. » Il leur dit : « La moisson est abondante, mais les ouvriers sont peu nombreux. Priez donc le maître de la moisson d'envoyer des ouvriers pour sa moisson. »[54]

Dans ces versets de saint Luc, il est clairement exprimé que c'est le Christ qui appelle, c'est lui qui

---

[53] *La Saint Bible Catholique, Mc 6 :7 selon AELF*

[54] *Idem*, Lc10 :1-2 selon AELF

envoie en mission et c'est à une part de cette mission que celui ou celle qui a répondu à cet appel prend part. Comme pour dire que la mission de la sainte Église ne nous appartient pas. C'est la mission du Christ, qui par amour nous, donne d'y prendre part en nous associant à sa consécration. Nous n'avons donc pas à la refuser et/ou à procéder à un tri/choix en concordance avec les critères de notre paradis à nous, en tant que ministres ordonnés et/ou personnes consacrées.

Car, dans les versets cités plus haut, il n'est en aucun cas question du choix par les disciples de la mission qu'ils voulaient ou qui répondait aux critères de leur pseudo-paradis, mais visiblement nous voyons qu'ils se sont contentés simplement de répondre à l'appel du Christ d'abord, ensuite, ils ont accepté la mission que celui-ci leur avait confiée. L'attitude d'ouverture, d'accueil, de soumission et d'acceptation dont font preuve les soixante-douze ici insinue clairement qu'ils ont compris plusieurs choses à la fois dans cette réalité de vocation. En effet, ils ont compris qu'ils ne se sont pas appelés eux-mêmes, mais c'est le Seigneur qui les a appelés dans un premier temps.

Secundo, ils ont compris que le Seigneur Jésus ne les a pas appelés fortuitement, mais pour une mission : aller en avant de lui, en toute ville et localité où lui-même allait se rendre.[55]

Ce qui suit montre clairement que les appelés ont compris que la mission qui leur est confiée n'est pas leur mission à eux, mais la mission de l'appelant, c'est-à-dire le Christ, qui avait bien voulu les y associer. L'appelé (ée) se permettrait-il (elle) de choisir sa mission alors qu'il n'est ni l'appelant ni le propriétaire de la mission pour laquelle il ou elle est appelé (ée) ?

Et c'est ici qu'intervient la phase de discernement au sujet de son projet de vie, au sujet de la vocation que nous pensons avoir reçue et la réponse que nous lui donnons.

En effet, si je pense recevoir la vocation à la vie sacerdotale ministérielle et/ou consacrée selon ses dimensions respectives et que je sais qu'en répondant à cet appel, j'y réponds pour un projet personnel, c'est mieux de ne pas répondre et Dieu ne me tiendra pas rigueur de n'avoir pas répondu. Parce que, lorsque Dieu appelle, c'est pour un projet et il appelle qui il veut, quand il veut, pour l'envoyer là où Il veut et quand Il veut.

Enfin, il rend capables ceux et celles qu'il appelle ; et ce, pour son projet à lui. C'est-à-dire

---

pour une mission précise. Il ne revient donc pas à l'appelé (ée) de dicter ses missions à l'appelant : Dieu. Car, le faire, c'est signe que l'appelé s'est trompé de chemin dans sa prétendue réponse à une quelconque vocation de la part du Seigneur. En effet, à parcourir les grandes figures de personnes appelées et envoyées en mission, depuis l'Ancien Testament jusqu'au Nouveau Testament, en ne mentionnant que Moïse, Aaron, Amos, Ésaïe, Mathieu, Pierre, Jacques et Jean pour ne citer que ceux-là, il n'est nulle part dit qu'un seul parmi eux avait choisi sa mission à lui ; mais c'est celui qui les appelle qui leur confie leurs missions respectives et ceux-ci se rendent disponibles pour ces missions. Ne serions-nous pas en droit de dire que la disponibilité pour la mission de l'Église, et par ricochet de Dieu, ne pourrait être de mise que par la passion que l'on a pour l'appel auquel il ou elle a répondu ? C'est certainement pour plaider en faveur de notre argumentation que Stendhal affirmera ceci : « La vocation, c'est avoir pour métier sa passion. »[56]

Si nous pouvons nous permettre de nous appuyer sur cette pensée de Stendhal, pour affirmer que la vraie réponse à toute vocation à la vie sacerdotale ministérielle et/ou consacrée ne

---

[56] Stendhal

trouve son leitmotiv que dans l'amour immense que l'on éprouve pour le Christ, son Eglise et sa mission, alors il en ressort que la vie sacerdotale ministérielle et/ou consacrée devrait être comprise comme une forme de vie à travers laquelle l'on voue son intérêt, sa propre vie, au bien commun de l'Eglise qui n'est rien d'autre que 'le salut des âmes.'[57]

En un mot, la personne consacrée est une folle de la croix du Christ et qui lit sa propre vie à la lumière du suprême sacrifice qu'offrît son maître, le Christ sur la croix une fois pour toute, pour le salut de l'humanité tout entière.

N'est-ce pas en ce sens que Vita Consecrata en ses numéros 24 et 25 maintient ceci ?

« La personne consacrée, dans les différents états de vie suscités par l'Esprit au cours de l'histoire, fait l'expérience de la vérité de Dieu qui est Amour, d'une manière d'autant plus directe et profonde qu'elle se situe sous la Croix du Christ. Celui qui paraît aux yeux des hommes dans sa mort, défiguré et sans beauté, au point d'amener les spectateurs à se voiler le visage (cf. Is 53, 2-3),

---

[57] *Les normes du Code de Droit Canonique*

manifeste pleinement sur la Croix la beauté et la puissance de l'amour de Dieu. »[58]

« Les personnes consacrées seront mission-naires avant tout par le constant approfon-dissement de leur conscience d'avoir été appelées et choisies par Dieu, vers lequel elles doivent donc tourner toute leur vie et à qui elles doivent offrir tout ce qu'elles sont et tout ce qu'elles ont, en se libérant des entraves qui pourraient retarder la plénitude de leur réponse d'amour. Elles pourront devenir ainsi un signe authentique du Christ dans le monde. Leur style de vie doit aussi refléter l'idéal qu'elles professent, en se présentant comme des signes vivants de Dieu et des prédicateurs convaincants de l'Évangile, même si c'est souvent dans le silence. »[59]

De tout ce qui précède serions-nous condamnables d'affirmer que seuls la passion pour Dieu au nom de son amour pour le genre humain et le souci de faire connaître un tel Dieu qui motivent des personnes normales et bien portantes que sont les consacrées en les poussant à s'engager dans un tel choix de vie ? La passion devient donc ici le leitmotiv d'un engagement déterminé et zélé.

---

[58] Pape Jean Paul II de vénéré mémoire dans son *Exhortation Post-Synodale Vita Consecrata* N°24

[59] *Idem,* No25

N'est-ce pas pour se présenter à la défense de nos dires que Denis DIDEROT affirmait ce qui suit ? « Il n'y a que les passions et les grandes passions, qui puissent élever l'âme aux grandes choses. »[60]

Comme pour montrer combien notre passion nous aide à nous engager avec détermination et zèle, Sören Kierkegaard ira dans la même veine en maintenant « qu'on a plus perdu, quand on a perdu sa passion que quand on s'est perdu dans sa passion. »[61]

Au regard de ces éléments mentionnés plus haut, il conviendrait de dire que, si les réalités de ce choix de vie sont bien comprises, alors on parviendra à comprendre que : « Le premier devoir missionnaire des personnes consacrées les concerne elles-mêmes, et elles le remplissent en ouvrant leur cœur à l'action de l'Esprit du Christ. Leur témoignage aide l'Église entière à se rappeler que le service gratuit de Dieu, qui vient en premier lieu, est rendu possible par la grâce du Christ communiquée au croyant par l'Esprit. C'est ainsi que sont annoncés au monde la paix qui vient du

---

[60] Dénis DIDEROT, Langres 1713-Paris 1784

[61] Sören Kierkegaard, Philosophe et Théologien Danois: http://evene.lefigaro.fr

Père, le don de soi dont témoigne le Fils et la joie qui est fruit de l'Esprit Saint. »[62]

2.1.1 Vie Sacerdotale ministérielle

Parlant de la vie sacerdotale ministérielle, soulignons que le Christ est l'«unique médiateur entre Dieu et les hommes, »[63] selon 1Tm 2, 5. Toutefois, selon le décret du concile Vatican II, Presbyterorum Ordinis, « par le ministère de l'évêque, Dieu consacre des prêtres qui participent de manière spéciale au sacerdoce du Christ, et agissent dans les célébrations sacrées comme ministres de celui qui, par son Esprit, exerce sans cesse pour nous, dans la liturgie, sa fonction sacerdotale. »[64]

Malgré ce privilège accordé à ceux que Dieu appelle sans aucun mérite d'ailleurs de leur part, mais par pure grâce, il est à noter que le Christ est « le seul vrai prêtre, »[65] comme le rappelle également le Catéchisme de l'Eglise Catho- lique en son numéro § 1545, même si le même document

---

[62] Pape Jean Paul II, de vénéré mémoire, dans son *Exhortation Post-Synodale Vita Consecrata*, N°24

[63] La Sainte Bible Catholique, 1Tm2,5 selon AELF

[64] Constitution du concile Vatican II, Presbyterorum Ordinis, 07 décembre 1965, N°5

[65] *Catéchisme de l'Eglise Catholique en son numéro § 1545*

ecclésial souligne que : « Toute la communauté des fidèles est sacerdotale, »[66] selon le numéro § 1546, puisque chacun, au baptême, devient « membre du Christ, prêtre, prophète et roi, »[67] et rendent ainsi visible la présence du Christ comme chef de l'Église. Questionnons-nous pour savoir ce qui distingue ceux qui reçoivent l'ordination presbytérale de ceux et celles qui partagent simplement le sacerdoce commun ?

À ce sujet, le Catéchisme de l'Église Catholique en son numéro § 1549 poursuit pour dire que ceux qui reçoivent l'ordination presbytérale « rendent visible la présence du Christ comme chef de l'Église. »[68]

Par conséquent, leur mission est triple. À savoir, annoncer la Parole, célébrer les sacrements et conduire l'Église. Pour ainsi dire, la vocation du prêtre n'est pas une fonction, mais il y a un appel.

Mais pour être un bon pasteur, le prêtre doit se tenir au milieu de son troupeau, l'aimer, le connaître. En un mot, il doit « être imprégné de son odeur, »[69] comme aime le dire le Pape François. « Il

---

[66] Idem, § 1546

[67] Ibidem, § 1546

[68] Idem, § 1549

[69] Pape François

est d'abord un frère des autres baptisés, avant d'être "père", précise le P. Dominique Barnérias, curé de paroisse et enseignant à l'Institut catholique de Paris. Il doit être capable de prendre en compte la parole des autres baptisés. C'est un critère de discernement de sa vocation. »[70]

Allant en quelque sorte dans le même sens, Mgr Brouwet affirme que : « Le prêtre est le signe sacramentel du Christ bon pasteur présent au sein de la communauté ! Sa mission ne peut pas seulement se résumer aux actions qu'il accomplit. »[71] En lien avec ce qui précède, le décret du concile Vatican II, Presbyterorum Ordinis, affirme que : « Les prêtres se doivent à tous les hommes : ils ont à leur faire partager la vérité de l'Évangile dont le Seigneur les fait bénéficier. »[72]

Si ces différentes affirmations se permettent de mettre en lumière l'identité, et un tant soit peu le rôle du ministre ordonné (le prêtre), ne manquons pas d'ajouter ce que l'on espère de sa part. Ainsi, soulignons que le prêtre doit avoir un cœur suffisamment "large" pour faire place à la

---

[70] P. Dominique Barnérias, curé de paroisse et enseignant à l'Institut catholique de Paris

[71] *Mgr Brouwet, Eveque Ctholique de Nimes, France*

[72] Décret du concile Vatican II, Presbyterorum Ordinis, 07 Décembre 1965, No4

souffrance du peuple qui lui est confié et, en même temps, annoncer comme une sentinelle l'aurore de la grâce de Dieu qui se manifeste précisément dans cette souffrance. Il doit par ailleurs embrasser, accepter et présenter sa propre misère dans la proximité du Seigneur pour en faire la meilleure école qui fera place, peu à peu, à toute la misère et à toute la souffrance qu'il rencontrera quotidiennement dans son ministère, jusqu'à devenir lui-même semblable au cœur du Christ. Et cela préparera aussi le prêtre à une autre proximité : celle du peuple de Dieu.

En effet, dans sa proximité avec Dieu, le prêtre renforce sa proximité avec son peuple. Et inversement, dans sa proximité avec son peuple, il expérimente aussi la proximité avec son Seigneur. Cette proximité avec Dieu est le premier devoir de l'évêque. Son premier devoir est de prier.

Si notre objectif, à ce stade de notre travail a été de dire ce qu'est la vie sacerdotale ministérielle, il n'est pas inadéquat de parler du rôle que doit jouer le ministre ordonné et/ou la personne consacrée au sein de l'Église. C'est en ce sens que le décret du concile Vatican II, Presbyterorum Ordinis, vole à notre secours pour affirmer ce qui suit :

« Les prêtres apprennent donc aux chrétiens à offrir la victime divine à Dieu le Père dans le sacrifice de la messe, et à faire avec elle l'offrande de leur vie; dans l'esprit du Christ Pasteur ils les éduquent à soumettre leurs péchés à l'Eglise avec un cœur contrit dans le sacrement de Pénitence, pour se convertir de plus en plus au Seigneur, se souvenant de ses paroles : " Repentez-vous, car le Royaume des Cieux est tout proche " Mt 4,17. De même ils leur apprennent à participer aux célébrations liturgiques de manière à pouvoir y prier sincèrement ; ils les guident, suivant les grâces et les besoins de chacun, à approfondir sans cesse leur esprit de prière pour en imprégner toute leur vie ; ils donnent à tous le désir d'être fidèles à leur devoir d'état, et aux plus avancés celui de pratiquer les conseils de l'Evangile d'une manière adaptée à chacun. Bref, ils instruisent les chrétiens à célébrer le Seigneur de tout cœur par des hymnes et des chants spirituels rendant grâces en tout temps pour toutes choses au nom de Notre-Seigneur Jésus-Christ à Dieu le Père. »[73]

Ce qui précède montre le caractère ô combien noble du rôle du ministre ordonné vis-à-vis de l'Église et par ricochet de ses frères et sœurs. Alors, prendre conscience de ce noble rôle à jouer quant à la réponse favorable donnée à l'appel de Dieu et revenir refuser des missions, des affectations et/ou procéder à un tri de mission, c'est non seulement

---

[73] *Idem,* N°5

décider volontairement de ne pas voir, mais aussi, c'est faire usage de la vie sacerdotale ministérielle à d'autres fins. Puisque Presbyterorum Ordinis est très clair sur la nature même du ministère sacerdotal qu'il entend en ces termes : « Par les apôtres eux-mêmes Il (le Christ) a fait participer à sa consécration et à sa mission les évêques, leurs successeurs,(7) dont la fonction ministérielle a été transmise aux prêtres à un degré subordonné (8): ceux-ci sont donc établis dans l'ordre du presbytérat pour être des coopérateurs de l'Ordre épiscopal dans l'accomplissement de la mission apostolique confiée par le Christ. »[74] Ce qui précède sous-entend que le prêtre ne doit jamais oublier d'où il vient. Il doit toujours se référer à son ordination en cessant de s'arrêter seulement dans la gestion pour se projeter dans la vision. Car, très souvent les prêtres ont tendance à sacrifier la dynamique de la vision en ne se focalisant que sur les difficultés. Il nous faut cesser d'ouvrir ou d'écrire le livre de la lamentation et écrire le livre du cantique des cantiques.

En fait, nous prêtres, nous ne devons pas perdre souvenir de la réponse que nous avions donné à l'appel pendant le rite de l'ordination : il y a ici la

---

[74]*Idem*, N°2

parole donnée et le statut debout qui veulent dire que nous (prêtres) sommes prêts à nous engager quelle que soit la circonstance. Mais, combien de fois n'avons-nous pas failli à ces paroles données sur notre honneur lorsqu'il nous est arrivé de refuser des affectations/nominations ou même de faire un tri de mission ?

Ici, il est noté que pour mieux saisir la noblesse et le caractère sacré de notre ministère en tant que prêtres, il nous faut souvent aller à l'intérieur de nous-mêmes pour nous rappeler de qui nous sommes, d'où nous venons et c'est en cela que nous pourrons nous ressourcer. Ce geste, de creuser à l'intérieur de soi-même est un fait de mémoire. C'est-à-dire se rappeler des gestes et paroles lors de notre ordination. Ceci pourrait sans doute nous permettre d'appréhender en profondeur la nature et l'essence de notre ministère. Car une fois celle-ci bien saisie, il nous sera difficile de refuser d'affectation/nomination, voire même de faire un tri de mission.

Comme pour avancer dans le même sens, Lumen Gentium en son numéro 10 précise la nature, l'essence et la fonction du prêtre en ces termes : « C'est par le ministère des prêtres que se consomme le sacrifice spirituel des chrétiens en union avec le sacrifice du Christ, unique Médiateur, offert au nom de toute l'Eglise dans l'Eucharistie par les mains des prêtres, de manière non sanglante et sacramentelle, jusqu'à ce que vienne le Seigneur lui-même (11). C'est là qu'aboutit leur ministère, c'est là qu'il trouve son accomplissement : commençant par l'annonce de l'Evangile, il tire sa force et sa puissance du sacrifice du Christ et il aboutit à ce que "la cité rachetée tout entière, c'est-à-dire la société et l'assemblée des saints, soit offerte à Dieu comme un sacrifice universel par le Grand Prêtre qui est allé jusqu'à s'offrir pour nous dans sa passion, pour faire de nous le Corps d'une si Grande Tête » (12). »[75] Ce sens si sacré et si élevé de notre ministère de prêtre doit nous aider à comprendre que Le prêtre que nous sommes a reçu l'onction et cette onction pousse à l'action.

Si telle est la nature et le rôle ou la fonction du prêtre en général, la vie sacerdotale missionnaire serait-elle en reste ?

2.1.2 Vie Sacerdotale Missionnaire

Dans l'étude de la missiologie, lorsque nous nous référons au mandat missionnaire donné par le Ressuscité à ses disciples, et partant à tout un chacun de nous chrétiens, chrétiennes,

---

[75] Concile Vatican II, Lumen Gentium, N°10

respectivement en Mc 16 : 15 et aussi en Mt 28 : 18 - 20, mandat qui demande d'une part « D'aller dans le monde entier, proclamer l'Évangile à toute la création »[76], et d'autre part déclare que : « (…) Tout pouvoir m'a été donné au ciel et sur la terre. Allez donc, de toutes les nations faites des disciples, les baptisant au nom du Père et du Fils et du Saint-Esprit, et leur apprenant à observer tout ce que je vous ai prescrit. (…) »[77] ; Oui, lorsque nous nous référons à ce mandat donné par le Christ à ses disciples, nous parvenons à comprendre que la mission et l'Église cohabitent et que l'une ne peut aller sans l'autre ou encore l'une ne peut subsister sans l'autre.

Clairement exprimé, nul ne peut parler de l'Église sans faire référence à la mission et vice-versa. Car, sans l'Église il n'y a pas de mission et sans la mission, il ne peut exister d'Église.

En d'autres termes, la mission est ce qui fait l'Église, mais c'est l'Église qui envoie en mission, puisqu'elle-même a reçu la mission de son Epoux, le Christ, de faire connaître le Dieu vrai de Jésus-Christ à toutes les nations, races et peuples. C'est d'ailleurs, abondant dans ce sens, que Jean Rigal dans son livre Le courage de la mission

---

[76] La Sainte Bible Catholique, Mc 16 :15 selon AELF

[77] La Sainte Bible Catholique, Matt 28 :18-20 selon AELF

faisait appel au décret Ad Gentes numéro 2 en ces termes : « De sa nature, l'Eglise durant son pèlerinage sur terre est missionnaire, puisqu'elle-même tire son origine de la mission du Fils et de la mission de l'Esprit-Saint selon le dessein de Dieu le Père. »[78]

Fort, de ce qui précède, nous aboutissons à la compréhension que cette mission ne peut être menée à bien sans un certain nombre d'exigences à observer qui à leurs tours font appel à une vie de perpétuel sacrifice. D'où, le sens de la vie sacerdotale missionnaire comme une vie de sacrifice perpétuel.

Avant d'aborder le vif du sujet, il convient de commencer par une clarification des concepts qui riment avec la vie sacerdotale missionnaire. A cet effet, posons-nous la question de savoir : que veut dire mission ? Dans quel domaine peut-on parler de mission ? Qu'est-ce que la vie missionnaire ? En quoi la vie missionnaire est-elle liée à la mission ? La vie missionnaire et la vie de sacrifice perpétuel se conjuguent-elles ? Peut-il exister une mission qui n'exige pas de sacrifice de la part de l'envoyé ? Telles sont les nombreuses interrogations dont la tentative de réponse nous aidera dans notre

---

[78] Jean Rigal, *Le courage de la mission*, Ed. Du Cerf, Paris, 1986, p.14. (décret Ad Gentes numéro 2)

aventure de la quête du sens de la vie sacerdotale missionnaire.

- **Mission**

Dérivé du terme latin Missio, qui se traduit comme l'action d'envoyer, le terme mission peut donc être défini, comme la charge donnée à quelqu'un d'accomplir une tâche définie. Mission peut être aussi définie comme, 'but élevé, devoir inhérent à une profession et au rôle social qu'on lui attribue.'

Dans cette perspective, sur le plan religieux ou du moins dans le domaine du christianisme, le terme mission peut être défini comme, engagement du chrétien pour répandre la parole de l'Évangile par le témoignage de vie ; ou encore, l'ensemble de prédications adressées aux non-croyants ou aux croyants d'autres religions pour les convertir au christianisme. Aussi, avec Jean Rigal, dans son livre Le courage de la mission, nous découvrirons qu'à partir du XVIe siècle, le terme « mission » va signifier une activité d'évangélisation, d'ailleurs réservée à des spécialistes : soit la tâche des missionnaires qui quittent la chrétienté pour aller 'planter l'Église' à l'étranger, soit les activités régionales ou paroissiales destinées à réveiller la foi des chrétiens.[79] En un mot, la mission est constitutive de la vocation de tout baptisé.[80]

Avec ces définitions de la mission susmentionnées, on finit par comprendre que même si notre réflexion ici met l'accent sur la vie sacerdotale missionnaire, le terme 'mission' ne peut être perçu seulement de façon unilatérale, plutôt il existe d'autres domaines dans lesquels l'on peut comprendre aussi le terme 'mission', entre autres, au plan économique, militaire et religieux ou sacerdotal. En effet, au plan économique, le terme 'mission' peut être défini comme travail à durée limitée, exercé par un salarié dans le cadre du travail temporaire.

Au plan militaire, le terme 'mission' est entendu comme but à atteindre, fixé par une autorité à son subordonné. Ici, la mission engage la responsabilité du chef qui la donne et elle est impérative pour celui qui la reçoit.

De tout ce qui précède, l'on finit par comprendre que le terme 'mission', qu'il soit utilisé au plan économique, militaire ou d'autres, le sens n'est pas très loin de la connotation que lui donne l'usage religieux (chrétien) ou sacerdotal, puisque dans

---

[79] *Idem*, p.13

[80] *Ibidem*, p.15

tous les cas, ce terme lui-même implique trois éléments essentiels, à savoir : 'un qui envoie', 'un autre qui est envoyé' et enfin 'un objectif que tous deux visent à atteindre'.

Dans cette même veine, donc, lorsque nous essayons de comprendre les choses dans notre contexte de vie consacrée (vie sacerdotale missionnaire), il en ressort que celui qui envoie est le maître de la moisson, c'est-à-dire Dieu ; l'envoyé est celui ou celle en qui le Seigneur met le désir de le servir en l'appelant à une vocation spécifique par laquelle celui-ci ou celle-ci finit par servir le Seigneur à travers ses frères et sœurs en tant que missionnaire, en s'évertuant de le faire connaître lui, le Dieu vrai de Jésus Christ, à tous ceux et toutes celles qui ne le connaissent pas encore. Ceci semble nous donner un préambule de ce que c'est que la vie sacerdotale missionnaire.

- **La vie sacerdotale Missionnaire**

Ici, il convient de souligner de prime abord que les termes 'mission' et 'vie sacerdotale missionnaire' sont deux termes qui s'entremêlent, puisque nul ne peut parler de vie sacerdotale missionnaire s'il n'y a pas au préalable une mission. Il va sans dire que c'est le missionnaire ou la missionnaire c'est-à-dire pour ce qui concerne les religieuses, c'est celui-là ou celle-là que le Maître de la moisson a appelé et envoyé « (..) porter la Bonne Nouvelle aux pauvres, (…) annoncer aux captifs la délivrance et aux aveugles le retour à la vue, renvoyer en liberté les opprimés, proclamer une année de grâce du Seigneur »[81], selon Lc 4 : 18 - 19, c'est bien entendu celui-là ou celle-là qui vit la vie missionnaire. En ce sens donc, la vie missionnaire peut être comprise à la lumière de saint Paul dans sa lettre aux Romains en son chapitre 10 verset 15 où il interroge : « Comment proclamer sans être d'abord envoyé ? (…) »[82]

Ici, nous comprenons avec saint Paul que, ne peut mener une vie missionnaire que celui qui a d'abord reçu cette vocation et ensuite celui à qui une mission a été confiée et dont le but final est de faire connaître le Dieu de Jésus-Christ à toutes les nations, races et peuples, afin de gagner de nombreuses âmes au Christ, puisque selon le code du droit canonique « le bien commun de l'Église est le salut des âmes. »[83]

Au regard de ce qui précède, on pourrait dire que la vie missionnaire est menée par tous ceux et

---

[81] La Sainte Bible Catholique, Lc 4 :18-19 selon AELF

[82] Idem, Rm 10 :15 selon AELF

[83] *Code du droit Canonique de 1983, Les Normes*

toutes celles qui ayant reçu l'appel de Dieu décident de répondre à cet appel en s'engageant à la suite du Christ d'une manière déterminée, détachée et désintéressée qui les conduit à vivre loin de leurs familles, parents, amis (ies) et connaissances, voire même hors de leurs pays, juste pour la seule cause de l'Evangile. Une telle vie ne peut en aucun cas être détachée d'un esprit de sacrifice multiples qu'elle requiert, puisque la vie sacerdotale missionnaire en particulier ne peut être dissociée de l'appel à témoigner du 'Christ à temps et à contretemps'[84] comme le dit Saint-Paul en 2Tim 4 : 2.

Or, une vie de témoignage au Christ ne peut être discutée sans faire mention des persécutions qui s'y donnent rendez-vous. D'où, le sens de la vie de sacrifice qui caractérise la vie sacerdotale missionnaire.

2.1.3 Vie de Sacrifice

Si le dictionnaire, Le petit Larousse dans sa deuxième définition du terme 'Sacrifice', l'entend comme «renoncement volontaire à quelque chose ou encore comme des privations que l'on s'impose

---

pour un bien plus grand »[85], la vie missionnaire n'est pas très loin d'être lue dans cette même perspective puisque, lorsqu'ici nous nous référons au verbe pronominal se sacrifier, nous venons à comprendre que celui-ci ne peut être traduit que de la manière suivante : « Faire le sacrifice de sa vie, de ses intérêts. »[86]

Or, faire le sacrifice de sa vie et le sacrifice de ses propres intérêts, voilà bien ce qu'est la vie sacerdotale missionnaire, puisque dans ce corps de vie ou de service, l'intérêt et la vie du missionnaire eux-mêmes ne comptent pas trop, mais plutôt l'intérêt du Christ qui compte le plus. En d'autres termes, parvenir à implanter la croix du Christ dans tout l'univers en conquérant des cœurs, des âmes, des peuples, des races et des nations, voilà bien ce qui préoccupe et doit plus préoccuper le missionnaire, puisque par le sacrifice de sa vie, il a vendu à très bas prix ses propres intérêts au profit de l'intérêt suprême qu'est l'intérêt du Christ qui lui n'est rien d'autre que le salut des âmes.

Pour ce faire, une fois surpris par le Maître de la moisson dont l'appel est irrésistible, le missionnaire sacrifie, famille, parents, frères, sœurs, amis (ies), connaissances et pays, et se lance

---

[85] Dictionnaire, *Le petit Larousse*

[86] *Idem*

dans une aventure dont le seul intérêt qui compte est de faire connaître le Dieu de Jésus Christ à toutes les nations, races et à est tous les peuples afin de gagner des milliers d'âmes pour le Christ.

Ici, la vie de sacrifice qui caractérise la vie sacerdotale missionnaire semble faire écho à ce qui se vit dans le corps militaire où le soldat, au détriment de sa propre vie et au profit de la souveraineté de la nation et du bien-être des populations, est appelé à s'engager en bataille même si l'incertitude de revenir des combats est plus assurée que la certitude d'y périr.

De là, il apparaît clairement que la vie du missionnaire et celle du militaire ne sont que des vies de perpétuel sacrifice où leurs propres intérêts comptent peu. Toutefois, précisons que celle du missionnaire est plus un sacerdoce, puisque son travail est sans rémunération, contrairement au militaire qui, lui, perçoit un salaire à la fin du mois, et même finit par être promu au grade supérieur si d'aventure, il réussissait bien sa mission ou ses missions, sain et sauf.

Pour finir, nous comprenons que la vie sacerdotale missionnaire et la vie de sacrifice sont indissociables. En réalité, nul ne peut parler de vie sacerdotale missionnaire sans faire référence à une vie de sacrifice. Le Christ en était bien conscient, c'est pourquoi il a pu dire à ses disciples qu'il envoyait en mission selon Matthieu 10 : 22 que : « Vous serez haïs de tous à cause de mon nom (…). »[87]

De tout ce qui précède, nous finissons par comprendre que la vie sacerdotale missionnaire n'est pas qu'une vie de sacrifice, mais une vie de sacrifice perpétuel. Par conséquent, le missionnaire qui veut mener à bien sa mission à la suite du Christ et qui pense ne pas rencontrer de difficultés et des obstacles, ou pense en rencontrer trop sur son chemin de propagation de la foi, perd son temps. Car, la vie missionnaire est faite de sacrifices perpétuels.

- **Sacrifice Perpétuel**

Si le point précédent nous a permis de comprendre que nul ne peut parler de la vie sacerdotale missionnaire sans faire référence à la vie de sacrifice, le sacrifice dont il est question ici est un sacrifice sans limite et donc perpétuel. C'est dire que la vie sacerdotale missionnaire ne peut se passer de la manière désintéressée dont doit vivre le missionnaire lui-même, puisque pour lui ou

---

[87] *La Sainte Bible Catholique*, 2Tim 4:2, Matt 10 :22 selon AELF

pour elle, rien ne doit plus compter que l'intérêt du Christ qui en réalité est le salut de toutes les âmes.

Il va sans dire que l'esprit de sacrifice est la vertu qui doit animer le missionnaire dans tout son engagement à non seulement propager la foi ou la Bonne Nouvelle, mais aussi à conquérir de nombreux cœurs, de nombreux peuples, de nombreuses races et de nombreuses âmes en implantant par-là la croix du Christ dans tout l'univers.

Il en ressort que, hors du sacrifice perpétuel qui caractérise la vie sacerdotale missionnaire, il n'y a pas de vie missionnaire à proprement parler. Puisque la vie missionnaire est un appel à la suite du Christ, 'la sequela Christi' requiert une vie de témoignage.

Nul ne peut en réalité témoigner du Christ de manière authentique sans rencontrer d'obstacles et de difficultés sur son chemin. Mais le sacrifice perpétuel dont il s'agit ici se traduit dans le détachement radical qu'opère le missionnaire vis-à-vis de tout ce qui pourrait lui apporter un bonheur autre que celui que le Christ lui accordera à la fin des temps, après avoir servi comme « un serviteur inutile qui n'a fait que ce qu'il devait faire »[88], comme le stipule saint Luc en son chapitre 17 : 10.

De tout ce dont nous avons parlé dans la clarification des concepts ayant trait à la vie sacerdotale missionnaire, que pouvons-nous retenir ?

Au regard de tout ce qui a été dit sur les différents concepts qui concernent la vie sacerdotale missionnaire, il convient de souligner qu'en réalité, penser 'la vie sacerdotale missionnaire comme une vie de perpétuel sacrifice' est de mise aujourd'hui, d'autant plus que nous voyons encore des hommes qui après avoir été surpris par l'appel irrésistible du maître de la moisson, s'engagent sans limite ni hésitation ni peur à la suite du Christ, dans l'objectif de faire connaître le vrai Dieu de Celui-ci (Christ) à toutes les nations même au péril de leur propre vie, comme le Christ lui-même le recommandait à ses disciples en Mathieu 28:18-20 où Il déclarait :

« (…) Tout pouvoir m'a été donné au ciel et sur la terre. Allez donc, de toutes les nations faites des disciples, les baptisant au nom du Père et du Fils et du Saint Esprit, et leur apprenant à observer tout ce

---

[88] *Ibidem*, Lc 17 :10 Selon AELF

que je vous ai prescrit. (…) »[89] ; Ou encore en Marc 16 :15 où le Christ déclarait : « Allez dans le monde entier, proclamez l'Evangile à toute la création. »[90]

La vie sacerdotale missionnaire comme une vie de perpétuel sacrifice est à comprendre dans le sens que, non seulement la propre vie et l'intérêt propre du missionnaire lui-même ne comptent plus, mais aussi le plus grand bien à acquérir ici par tous les moyens, est le salut des âmes devant lequel, l'intérêt propre du missionnaire ainsi que sa propre vie ne sont qu'insignifiants.

Dans cette perspective donc, la vie sacerdotale missionnaire s'élance dans un défi d'aventurier, et c'est ce que nous allons développer à ce stade de notre réflexion en nous penchant à présent sur l'idée de la vie sacerdotale missionnaire comme une vie d'aventurier.

À cet effet, soulignons que le missionnaire ou la missionnaire est entendu (e) comme celui ou celle, qui ayant reçu l'appel de Dieu, décide de se consacrer à Dieu par l'Église à travers une vie sacerdotale missionnaire ou une vie religieuse consacrée. À cet engagement, est attachée une mission spécifique. Laquelle se trouve être l'envoi à

---

[89] *Ibidem*, Matt 28 : 18-20 selon AELF

[90] *Ibidem*, Mc 16 :15 selon AELF

l'annonce de la Bonne Nouvelle de Jésus-Christ à toutes les nations, plus précisément aux nations païennes. Dans cette perspective donc, toute vie missionnaire nous semble être liée à celle de l'apôtre Paul. Paul est connu comme le plus grand de tous les missionnaires de l'Évangile ; puisqu'il est même connu sous l'appellation «d'apôtre des nations païennes »[91]

Si donc, le missionnaire est perçu de la manière décrite plus haut, alors il/elle (le/la missionnaire) ne peut être mieux compris (e) qu'à la lumière de saint Paul qui s'avère être un aventurier de nature au regard de son engagement missionnaire.

De là, il apparaît clairement que se poser la question de savoir qui est saint Paul nous donnera une claire vision sur ce qu'est le missionnaire. Dans cette ligne d'idée, poursuivons donc pour dire que saint Paul étant de nature un aventurier, c'est ce caractère d'aventurier qui l'avait animé durant tout son engagement missionnaire.

Alors qui peut-on qualifier d'aventurier ?

Précisons ici que l'aventurier, c'est celui qui prend de nombreux risques et parfois même au péril de sa propre vie, juste pour atteindre l'objectif qu'il s'est fixé au préalable. Et ce risque qu'il prend

---

[91] *Ibidem*, Ga 2:8 selon AELF

est lié à la définition même que donne le dictionnaire Larousse au mot aventure. Car selon Larousse, est dite, aventure, toute 'entreprise qui comporte des risques et aussi liaison amoureuse sans lendemain.'[92]

Comprenons dans ce sens que même si saint Paul après sa conversion avait reçu une mission particulière faisant de lui l'apôtre des nations, il apparaît clairement que sa nature d'aventurier ne s'est jamais détachée de son engagement missionnaire. C'est d'ailleurs en ce sens que les épitres et les Actes des Apôtres le présentent comme « un passionné, qui a une âme de feu et donc qui se dévoue sans compter à un idéal. Et cet idéal est essentiellement religieux. »[93]

Comprenons donc de ce portrait de Paul, que pour lui, Dieu est tout, et il le sert avec une loyauté absolue, « d'abord en persécutant ceux qu'il tient pour hérétiques[94], selon Ga 1 : 13 et Ac 24 : 5 - 14, puis en prêchant le Christ quand il a compris par révélation qu'en lui seul est le salut. »[95] Notons que

---

[92]https://www.larousse.fr,dictionnairefrançais

[93] *Bible de Jérusalem*, DESCLEE DE BROUWER, *Nouvelle Edition*

[94] *La Sainte Bible Catholique*, Ga1:13, selon AELF

[95] *Idem*, Ac24 :5-14 selon AELF

ce zèle inconditionné de saint Paul se traduit dans une vie d'abnégation totale au service de celui qu'il aime. Ainsi, labeurs, fatigues, souffrances, privations, périls de mort qui sont en réalité des traits caractéristiques de l'aventure, rien de tout cela ne compte aux yeux de Paul du moment qu'il accomplit la tâche dont il se sent responsable. C'est à la lumière d'une telle vie qu'est souvent menée la vie sacerdotale missionnaire.

Il va sans dire que pour Paul et par ricochet pour la vie sacerdotale missionnaire, tout cela est précieux, puisque cela les conforme à la passion et à la croix du maître, le Christ ; Lequel maître, le missionnaire, a pour mission et objectif de faire connaître jusqu'aux extrémités de la terre. D'où, il prend le risque, à l'instar de saint Paul, d'atteindre son objectif de façon aventurière. Cette attitude de détermination et d'abnégation du missionnaire vis-à-vis de la mission qui lui est confiée semble lui faire dire implicitement que : Là où il va, il sait que persécutions, flagellation, souffrances l'y attendent, mais il avance quand même. Ici, la situation de l'enlèvement du Père Pier Luigi MACCALLI au Niger en 2020, et le départ en mission dans la même année de son propre frère, le Père Walter MACCALLI, tous deux prêtres missionnaires de la société des Missions Africaines, pourrait servir d'illustration. En effet, même si ce n'était pas dans le même pays de mission que son frère, il s'était rendu disponible à la cause de la mission et de l'Évangile. Notons qu'au lieu de s'imaginer le pire qui pouvait lui arriver à lui aussi, il en avait fait fi pour se lancer avec un esprit d'aventurier des âmes pour le Christ dans cette mission de la sainte Église catholique.

Au regard de tout ce qui précède, il convient de retenir deux réalités essentielles : en premier lieu, retenons que la vie sacerdotale missionnaire est un appel à la suite du Christ comme disciple et témoin. Or, toute vie de témoignage au Christ implique inéluctablement des persécutions. Seule une vie de sacrifice perpétuel et la résolution à s'engager à la suite du Christ dans un esprit d'aventurier peuvent permettre de persévérer. Il en ressort que dans la vie de celui ou celle qui a vraiment décidé de répondre à l'appel du Christ et de devenir missionnaire de la Bonne Nouvelle du Christ ; persécutions, difficultés, obstacles, vie de sacrifice, esprit de sacrifice au sens de ne plus chercher son profit à soi, de n'avoir d'yeux que pour l'intérêt du Christ, aventure, esprit d'aventurier, risque ainsi que la persévérance font tous route ensemble. En deuxième lieu, retenons que tout vrai engagement missionnaire de la part du prêtre ou de la religieuse, en un mot de la part de la personne consacrée, relève non seulement de sa prise de conscience de la grandeur de la vocation missionnaire reçue, mais aussi de l'importance de la mission qui lui a été confiée.

Partant, il se fixe l'objectif d'accomplir cette mission contre vents et marées en « proclamant la Bonne Nouvelle à temps et à contretemps, »[96] comme le dira saint Paul lui-même en 2Tim 4 : 2. Et en ceci, saint Paul reste le modèle de ce portrait du vrai missionnaire qui ne peut être qu'un aventurier. Il va sans dire que toute vie sacerdotale missionnaire dissociée d'obstacles, des difficultés, d'une vie de sacrifice perpétuel, d'héroïsme à l'aventure et de persévérance est une perte de temps. Car, le Christ lui-même avant d'envoyer les douze en mission selon Matthieu 10 : 22 a dit : « Vous serez haïs de tous à cause de mon nom (…). »[97] Il s'en suit donc que, la vie sacerdotale missionnaire est en réalité une forme de vie dans laquelle le missionnaire ne jure que par l'intérêt du Christ qui est : « (…) Que tous soient sauvés et parviennent à la connaissance de la vérité »[98] selon 1Tim 2 : 4.

En somme, à voir de près ce qu'est la vie sacerdotale missionnaire, nous nous rendons

---

[96] *La Sainte Bible,* 2Tim4:2 selon AELF

[97] *Idem,* Matt 10 :22 selon AELF

[98]*Ibidem,* 1Tim2 :4 se AELF

compte que c'est une forme de vie à travers laquelle l'on voue son intérêt, sa propre vie, au bien commun de l'Église qui n'est rien d'autre que 'le salut des âmes.[99]'

En un mot, le missionnaire est un fou de la croix du Christ, qui lit sa propre vie à la lumière du suprême sacrifice qu'offrît son maître, le Christ, sur la croix une fois pour toutes, pour le salut de l'humanité tout entière. En conséquent, le missionnaire ou la missionnaire qui refuse de se voir tel quel et de surcroît refuse une affectation et/ou nomination, ne fait que perdre son temps dans la vie missionnaire et/ou sacerdotale missionnaire. Comme pour paraphraser Marc 9 : 42 'il serait mieux pour lui ou pour elle qu'on ramasse ses bagages et qu'on le rapatrie ou qu'on la rapatrie'. Car, la vie missionnaire en général et la vie sacerdotale missionnaire en particulier sans l'esprit de sacrifice n'est que du volontariat social.

En clair, le sens de sacrifice perpétuel est ce qui caractérise la vie sacerdotale missionnaire et en fait sa particularité. Et ce, c'est avec un esprit d'aventurier qu'il sera facile pour quiconque s'y engage, de servir le Seigneur et son Église à travers ses frères et sœurs sans réserve et de façon épanouie.

---

[99] *Code du droit Canonique de 1983, Les Normes*

- **Vie Religieuse**

Au risque de nous égarer, appréhendons la vie religieuse selon le magistère de l'Église. À cet effet, l'exhortation apostolique post-synodale, Vita Consecrata de Sa Sainteté le pape Jean-Paul II, de vénérée mémoire, en son numéro 8, vole à notre secours pour affirmer ce qui suit au sujet de la vie religieuse : « Personne, renonçant au monde, de se consacrer à Dieu par la profession publique des conseils évangéliques selon un charisme spécifique et une forme de vie commune stable, pour les différentes formes d'apostolat auprès du Peuple de Dieu. Il en va ainsi pour les diverses familles de chanoines réguliers, les ordres mendiants, les clercs réguliers et, de manière générale, les congrégations religieuses d'hommes et de femmes qui s'adonnent à l'activité apostolique et missionnaire ainsi qu'aux œuvres multiples suscitées par la charité chrétienne. »[100]

Il poursuit pour dire de la vie religieuse ce qui suit : « C'est un témoignage magnifiquement varié, qui reflète la multiplicité des dons communiqués par Dieu aux fondateurs et aux fondatrices. Ceux-

---

[100] Pape Jean Paul II, *Exhortation Apostolique post-synodale, Vita Consecrata No8*

ci, ouverts à l'action de l'Esprit Saint, ont su interpréter les « signes des temps » et répondre de manière éclairée aux exigences qui apparaissaient progressivement. Sur leurs traces, bien d'autres personnes ont cherché par la parole et par l'action à incarner l'Évangile dans leur existence, pour manifester en leur temps la vivante présence de Jésus, le Consacré par excellence et l'Apôtre du Père. Les religieux et les religieuses doivent continuer à prendre le Christ Seigneur pour modèle à toute époque, nourrissant dans la prière une profonde communion de sentiments avec Lui (cf. Ph 2, 5-11), afin que toute leur vie soit animée d'un esprit apostolique et que toute leur action apostolique soit pénétrée d'un esprit de contemplation. »[101]

Ce qui précède nous donne de comprendre que la personne qui se laisse saisir par l'appel à cette vie sacerdotale ministérielle et/ou consacrée ne peut que tout abandonner et suivre le Christ comme le souligne bien saint Marc dans son évangile : « Passant le long de la mer de Galilée, Jésus vit Simon et André, le frère de Simon, en train de jeter les filets dans la mer, car c'étaient des pêcheurs. Il leur dit : « Venez à ma suite. Je vous ferai devenir pêcheurs d'hommes. » Aussitôt,

____

[101] *Idem*

laissant leurs filets, ils le suivirent. Jésus avança un peu et il vit Jacques, fils de Zébédée, et son frère Jean, qui étaient dans la barque et réparaient les filets. Aussitôt, Jésus les appela. Alors, laissant dans la barque leur père Zébédée avec ses ouvriers, ils partirent à sa suite. »[102]

Une telle radicalité dans ce choix de vie selon vita consecrata à la sequela Christi, ne rencontre-t-elle pas l'enchantement du Saint Père, de vénérée mémoire, qui dans un parallélisme avec saint Paul soutient que la vie religieuse : « Considère tout le reste comme « désavantageux à cause de la supériorité de la connaissance du Christ Jésus » devant qui elle n'hésite pas à regarder tout « comme des déchets, afin de gagner le Christ » (Ph 3, 8). Elle aspire à s'identifier à lui, en ayant les mêmes sentiments et la même forme de vie. Cette façon de tout abandonner et de suivre le Seigneur (cf. Lc 18, 28) constitue un programme valable pour toutes les personnes qui sont appelées et pour tous les temps. »[103]

Si une telle appréhension de la vie religieuse est comprise et vécue par toutes ces personnes qui lui disent ''oui'', normalement il ne devrait pas y avoir

---

[102] *La Sainte Bible*, Mc1 :16-20 selon AELF

[103] Pape Jean Paul II, *Exhortation Apostolique post-synodale, Vita Consecrata* , N°8

ni de frustration, ni de refus de mission, ni de choix de mission pour ses intérêts personnels, Puisque l'on s'y engage, non pas pour son intérêt à lui, mais pour la cause de l'Evangile, du témoignage du royaume des cieux et à la suite le Christ comme modèle, lui qui n'est pas venu pour accomplir sa volonté à lui, mais celle du Père qui l'a envoyé.

3. Vocation à la vie consacrée comme projet de Dieu sur l'appelé (ée) au bénéfice de sa sainte Église

Si la vocation à la vie consacrée est un projet de Dieu sur l'appelé (ée), c'est qu'en réalité la figure du Christ dans le concret de sa vie, de sa prédication, de sa mission, est ce qui a suscité, depuis les débuts de l'Eglise, chez des hommes et des femmes, le désir de Le suivre et d'adopter la même manière de vivre. À contempler de plus près toute la vie du Christ ; depuis la promesse faite par Dieu au peuple choisi selon Isaïe7, 14, en passant par le mystère de l'Incarnation pour arriver au mystère pascal du Christ jusqu'à la Pentecôte qui fera éclater la mission reçue par le Fils à tout le genre humain, en aucune manière, le Christ n'a fait sa mission à lui, mais celle de son Père qui l'avait envoyé.

En effet, le Christ lui-même l'atteste en ces termes : « Car je suis descendu du ciel pour faire non pas ma volonté, mais la volonté de Celui qui m'a envoyé »[104] ; poursuivant dans cette même manière de concevoir sa mission comme l'accomplissement de la volonté du Père Céleste, au moment de son agonie, saint Matthieu nous rapporte ce qui suit à son sujet : « Allant un peu plus loin, il tomba face contre terre en priant, et il disait : ''Mon Père, s'il est possible, que cette coupe passe loin de moi ! Cependant, non pas comme moi, je veux, mais comme toi, tu veux''. »[105]

Si par notre ''OUI'' à l'ordination presbytérale et/ou à la consécration de notre vie par une profession de vœux ou une promesse ou encore un serment, nous nous sommes engagés à entrer dans le projet de Dieu, alors en toute situation ou circonstance relativement aux affectations et/ou nominations, la volonté de Dieu doit avoir la prééminence : « Père, si tu le veux, éloigne de moi cette coupe ; cependant, que soit faite non pas ma volonté, mais la tienne. »[106]

---

[104] *La Sainte Bible Catholique Jn6 :38 selon AELF*

[105] *La Sainte Bible Mtt 26:39 selon AELF*

[106]*La Sainte Bible Catholique, Lc 22 :42 selon AELF*

Nous faisons ici appel aux autorités scripturaires ci-dessus pour dire que lorsque l'on répond à l'appel de Dieu par son engagement à la vie consacrée, il ou elle doit prendre conscience qu'il ou elle est entré (ée) dans le projet de Dieu sur sa personne au bénéfice de la sainte Église Catholique et du genre humain et non son projet personnel à lui ou à elle.

Prendre conscience que l'on est entré ou du moins que l'on s'est engagé dans le projet de Dieu sur soi, c'est comprendre que l'on n'est ni à l'origine, ni l'auteur de sa vocation de quelques manières ou dimension que ce soit. Si Dieu, est donc le protagoniste originel dans la genèse de notre vocation de quelque nature qu'elle soit, alors les personnes consacrées que nous sommes, avons le devoir de nous aligner dans la perspective du projet de Dieu sur nos personnes au bénéfice de la sainte Église catholique.

S'aligner dans la perspective du projet de Dieu sur nos personnes en tant que consacrées de quelque natures que notre consécration soit, c'est être ouvert (e), disponible à cent pour cent à nous engager dans n'importe quelle mission qui nous sera confiée par la sainte Église catholique à travers ses autorités compétentes (les évêques et supérieurs/supérieures majeurs/majeures).

S'aligner dans la perspective du projet de Dieu sur nos personnes en tant que consacrées de quelque nature que notre consécration soit, c'est aussi savoir se laisser conduire par l'Esprit Saint qui souffle où il veut, quand il veut et tu entends sa voix, mais tu ne sais ni d'où il vient ni où il va.[107]

S'aligner dans la perspective du projet de Dieu sur nos personnes en tant que consacrées de quelque nature que notre consécration soit, c'est également savoir compter sur la providence divine et savoir s'abandonner à elle.

S'aligner dans la perspective du projet de Dieu sur nos personnes en tant que consacrées de quelque nature que notre consécration soit, c'est par ailleurs, mettre de la lumière dans la pensée des fidèles qui se font parfois nos avocats à tort ou à raison en laissant croire que l'affectation et/ou la nomination d'un (e) tel (telle) relève d'une punition pour un crime imaginaire tandis que l'affectation et/ou nomination d'un (e) tel (telle) autre relève de son inculpabilité d'un quelconque crime.

En faisant comprendre clairement aux fidèles chrétiens que notre « fiat » en tant que ministres ordonnés et/ou personnes consacrées nous dispose entièrement à l'appel auquel nous avons répondu

---

et à la mission qui s'y attache, qui requiert de nous une disponibilité et une ouverture sans faille, nous parviendrons à éliminer de leurs esprits cette obscurité sur la compréhension au projet de Dieu dans lequel nous nous sommes engagés à servir l'Eglise catholique et apostolique à travers la vie consacrée.

Enfin, s'aligner dans la perspective du projet de Dieu sur nos personnes en tant que personnes consacrées de quelque nature que notre consécration soit, c'est prendre le temps de faire cette prière que je formule en ces termes :

Seigneur, en répondant à ton appel pour m'engager dans cette vie consacrée, c'est Toi que j'ai choisi de suivre et non que Toi, tu me suives ; je veux te suivre et te servir jusqu'à ma mort dans ta sainte Eglise catholique. Cependant, Seigneur, ne permet pas que la méchanceté ou du moins l'émotion de la personne humaine prenne le dessus sur ton plan originel concernant ma vie, mon ministère, mon apostolat à ton service, à travers mes frères et sœurs dans ta sainte Eglise. Père saint, que ta volonté s'accomplisse dans toute affectation et/ou nomination que je recevrai de mon évêque ou mon supérieur ou ma supérieure légitime ; et embrase-moi de ton amour pour que je puisse l'accomplir.

Je crois que faire une telle prière d'abandon et la vivre sincèrement montre non seulement notre engagement dans le projet de Dieu pour donner une réponse favorable à la vocation à la vie consacrée sous quelque dimension qu'elle soit, mais aussi et surtout, faire une telle prière d'abandon et la vivre sincèrement met à nu notre ouverture et disponibilité à cent pour cent à nous engager dans n'importe quelle mission qui nous sera confiée par la sainte Eglise catholique à travers ses autorités compétentes (les évêques et/ou supérieurs, supérieures majeurs /majeures). Et je pense que c'est cela répondre à sa vocation de façon authentique, c'est cela suivre le Christ.

Car, suivre le Christ, c'est chercher à avoir en nous les mêmes sentiments, les mêmes désirs que lui qui n'a pas refusé ni évité la coupe qui devait être son partage dans son engagement, sa passion et sa détermination à accomplir la volonté du Père Céleste qui l'avait envoyé.

Il va sans dire que, refuser une affectation et/ou une nomination pour quelque motif que ce soit à l'exception de la question de santé, refuser une affectation et/ou une nomination, dis-je, c'est refuser de boire à la coupe de l'accomplissement de la volonté de Dieu dans laquelle a bu le Christ, celui dont nous partageons le sacerdoce pour les ministres ordonnés et celui dont nous partageons la consécration selon Luc 2 verset 23 pour toutes les personnes consacrées. Un quelconque refus d'une affectation et/ou nomination qui n'a pas pour motif la question de la santé s'inscrit hors du projet de Dieu sur nous en tant que personnes consacrées.

Car, si nous nous engageons véritablement dans la vie consacrée non pas pour la réalisation d'un projet personnel qui peut être la recherche d'ascension sociale par exemple, mais pour le projet de Dieu sur nos personnes, au bénéfice du genre humain, d'ailleurs pas par mérite, mais par pure grâce, il nous sera très difficile de refuser une quelconque affectation et/ou nomination, voire même faire choix d'une quelconque mission sous quelques prétextes que ce soit. Et ce, il en est de même pour les choix de mission ou de paroisse ainsi que la qualification d'un quelconque lieu de mission comme un enfer par des consacrées dans leurs diversités respectives.

Retenons que dans la perspective de la vocation à la vie sacerdotale ministérielle et/ou vie consacrée, l'on s'engage dans un projet de Dieu. Dans cet engagement que l'on prend sur soi, il est ici nécessaire de comprendre qu'il ne s'inscrit pas dans le cadre d'un refus ou de choix de mission, mais plutôt dans le cadre d'une mise à disposition totale de soi à Dieu.

Aussi, cette mise à disposition totale est requise vis-à-vis de la mission pour laquelle il nous a appelés et veut nous envoyer par l'intermédiaire des autorités ecclésiales compétentes avec qui nous avons à travailler de concert au sein de la sainte Église catholique et apostolique pour le bien-être du genre humain et le salut de toutes les âmes.

Allant dans le même sens, de grandes figures de vocation et de projet de Dieu selon celui ou celle qu'Il (Dieu) appelle peuvent être ici évoquées. Entre autres, Moïse et Aaron, par exemple, ils ont été appelés par Yahvé et ils avaient reçu une mission spécifique suite à leur appel. D'abord le chapitre 3 du Livre de l'Exode parle de la vocation de Moïse en ces termes :

« Moïse était berger du troupeau de son beau-père Jéthro, prêtre de Madiane. Il mena le troupeau au-delà du désert et parvint à la montagne de Dieu, à l'Horeb. L'ange du Seigneur lui apparut dans la flamme d'un buisson en feu. Moïse regarda : le buisson brûlait sans se consumer. Moïse se dit alors : « Je vais faire un détour pour voir cette chose extraordinaire : pourquoi le buisson ne se consume-t-il pas ? » Le Seigneur vit qu'il avait fait un détour pour voir, et Dieu l'appela du milieu du buisson : « Moïse ! Moïse ! » Il dit : « Me voici ! » Dieu dit alors : « N'approche pas d'ici ! Retire les sandales de tes pieds, car le lieu où tu te tiens est une terre sainte ! » Et il déclara : « Je suis le Dieu de ton père, le Dieu d'Abraham, le Dieu d'Isaac, le Dieu de Jacob. » Moïse se voila le visage car il craignait de porter son regard sur Dieu. Le Seigneur dit : « J'ai vu, oui, j'ai vu la misère de mon peuple qui est en Égypte, et j'ai entendu ses cris sous les coups des surveillants. Oui, je connais ses souffrances. Je suis descendu pour le délivrer de la main des Égyptiens et le faire monter de ce pays vers un beau et vaste pays, vers un pays, ruisselant de lait et de miel, vers le lieu où vivent le Cananéen, le Hittite, l'Amorite, le Perizzite, le Hivvite et le Jébuséen. Maintenant, le cri des fils d'Israël est parvenu jusqu'à moi, et j'ai vu l'oppression que leur font subir les Égyptiens. Maintenant donc, va ! Je t'envoie chez Pharaon : tu feras sortir d'Égypte mon peuple, les fils d'Israël. »[108]

Et le chapitre 7 du même livre ira plus loin pour préciser la vocation de Moïse et d'Aaron en ces termes : « Le Seigneur dit à Moïse : « Vois, j'ai fait de toi un dieu pour Pharaon, et ton frère Aaron sera ton prophète. Toi, tu lui diras tout ce que je t'ordonnerai, et ton frère Aaron le répétera à

---

[108]La Sainte Bible Catholique, Ex 3 :1-10 selon AELF

Pharaon pour qu'il laisse partir de son pays les fils d'Israël. »[109]

L'élément commun à retenir ici est qu'aucune vocation n'est jamais dissociée d'une mission spécifique. Ainsi, la vocation des apôtres ne sera pas en reste.

3.1. L'Appel / Vocation des Apôtres de Jésus

À parcourir les évangiles, nous constatons qu'aucun des apôtres du Christ ne s'est proposé de lui-même à la suite de celui-ci. Tous les douze ont été appelés (choisis) par le Christ lui-même. Saint Luc, dans le chapitre 6 versets 12 à 16 de son évangile, l'illustre bien, lui qui écrivait déjà ce qui suit :

« En ces jours-là, Jésus s'en alla dans la montagne pour prier, et il passa toute la nuit à prier Dieu. Le jour venu, il appela ses disciples et en choisit douze auxquels il donna le nom d'Apôtres : Simon, auquel il donna le nom de Pierre, André son frère, Jacques, Jean, Philippe, Barthélemy, Matthieu, Thomas, Jacques fils

---

[109] La Sainte Bible Catholique, Ex 7 :1-2 selon AELF

d'Alphée, Simon appelé le Zélote, Jude fils de Jacques, et Judas Iscariote, qui devint un traître. »[110]

De ce qui précède, notons deux éléments essentiels qui rentrent dans le cadre de notre contexte ici. En effet, nous pouvons remarquer dans cet extrait que Jésus n'avait pas choisi ses apôtres ni à l'improviste ni par hasard, mais il passa pratiquement 12 heures dans la prière avant de les choisir (appeler).

Aussi, rappelons que cet extrait de saint Luc nous dit clairement que Jésus n'avait pas que les douze comme disciples, c'est-à-dire ceux et celles qui le suivaient. Il en avait plusieurs. Mais parmi ces disciples, Jésus en mit à part douze qu'Il (Jésus) nomma Apôtres. Est-ce un choix fortuit ? Absolument pas ! C'est d'ailleurs pour cette raison qu'il nous faut comprendre le terme apôtre, qui est une qualification identitaire provenant de la langue grecque ancienne ἀπόστολος / apóstolos qui désigne couramment un « envoyé », chargé d'une mission, voire l'accomplissement de celle-ci ou les lettres la décrivant. Dans la Bible grecque, ce mot est appliqué à des personnes.

Par exemple en 1 R 14,6 ; il traduit l'hébreu shaliah, « envoyé plénipotentiaire »[111].

Le Nouveau Testament emploie plusieurs fois le mot « apôtre » ; et ce, il l'applique à plusieurs catégories de personnes bien distinctes. Notamment aux témoins de la résurrection de Jésus, envoyés pour annoncer cet événement, un des ministères de l'Eglise primitive. Deux fois dans les évangiles (Mt 10, 2 et Lc 6, 13) : le groupe des Douze choisis par Jésus, d'abord pour les envoyer (Mt 10, 5- 42), enfin « pour être avec lui » et pour signifier symboliquement le peuple de la fin des temps (Mt 19, 28). Paul, qui ne fait pas partie des douze Apôtres, est surnommé « l'Apôtre » sans autre précision, ou encore « l'Apôtre des nations. »

Dans la langue française courante, le mot désigne un des douze disciples de Jésus-Christ. Il s'applique aussi aux personnes qui enseignent et répandent une religion à la manière des apôtres de Jésus.

Par extension, il qualifie aussi les propagateurs d'une doctrine, d'une opinion, d'une cause. Si donc, toutes ces caractéristiques sont connues de la qualification identitaire ''d'apôtre'', il convient de retenir que le Christ après les avoir tous appelés et avoir cheminé avec eux leur rappellera que ce ne sont pas eux qui l'avaient appelé, mais c'est lui le

---

[111] *Idem*, 1R14 :6 selon AELF

Christ qui les avaient appelé et établi afin qu'ils portent du fruit et que leur fruit demeure.

Ici, il y va de comprendre d'abord que la vocation des Apôtres ne relève pas de leur initiative personnelle; ensuite, une mission bien déterminée est rattachée à cette vocation à laquelle ils ont choisi librement de répondre. Ceci sous-entend que ceux-ci n'auront pas plus tard à choisir la mission qu'ils veulent eux-mêmes mener ou accomplir, mais ils ont l'obligation, à partir de leur réponse favorable sans pression extérieure à l'appel de Jésus, de se plier à la mission pour laquelle le Christ les avait appelés.

En ce sens, comprenons que lorsque saint Marc, au chapitre 6 verset 7 de son évangile, rapporte l'appel et l'envoi en mission des apôtres, il ne souligne pas que chacun des apôtres avait fait le choix de l'endroit où il voulait partir, mais Marc dans son évangile nous dit clairement ceci : « Il appela les Douze ; alors il commença à les envoyer en mission deux par deux. Il leur donnait autorité sur les esprits impurs. »[112]

À comprendre ce qui précède, il ressort que la mission ne nous appartient pas pour qu'on fasse un choix quelconque. La mission appartient au

---

[112] *Idem*, Mc6 :7 selon AELF

Père qui a envoyé son Fils ; lequel nous a associées à cette mission en tant que ministres ordonnés et/ou personnes consacrées. Le Christ lui-même le signifiera bien lorsque dans l'évangile selon Saint-Luc, en son chapitre 10 verset 16, après l'appel et l'envoi en mission des soixante-douze il dit ceci : « Celui qui vous écoute m'écoute ; celui qui vous rejette me rejette ; et celui qui me rejette, rejette celui qui m'a envoyé. »[113]

N'est-ce pas d'ailleurs soulignant ce fait que la mission n'appartient pas à l'appelé pour qu'il fasse un choix quelconque que saint Cyrille d'Alexandrie dans son commentaire sur l'évangile de Jean, à l'office des lectures, à l'occasion de la fête des saints Simon et Jude, écrit ce qui suit ?

« Il (le Christ) résumait en quelques paroles la fonction des Apôtres en disant qu'il les a envoyés comme le Père l'avait envoyé lui-même : ils sauraient par là qu'il leur incombe d'appeler les pécheurs à se convertir, de soigner les malades, corporellement et spirituellement ; dans leurs fonctions d'intendants, de ne chercher aucunement à faire leur propre volonté, mais la volonté de celui qui les a envoyés ; enfin de sauver le monde dans

---

[113] *Idem*, Lc 10 :16 selon AELF

la mesure où il recevra les enseignements du Seigneur. »[114]

Quelle prétention donc d'être appelé (ée) par un tiers pour une mission déterminée et décider nonobstant de choisir d'accomplir la mission qui nous semble profitable ou avantageuse !

Si tel devait être le cas, il fallait mieux ne pas répondre à l'appel et le Seigneur saurait respecter notre liberté, puisque face à notre liberté, il confesse son impuissance. À ceci, le vénérable Melchior de Marion Brésillac, fondateur de la société des Missions Africaines s'invitera ici pour militer à nos côtés, lui qui parlant de la vocation et de la liberté de réponse de la part de l'appelé disait au cours de sa retraite aux missionnaires ce qui suit :

« Que cherchez-vous ? Les honneurs, ne venez pas ici ! La gloire ? Ne venez pas ici ! De l'argent ? Ne venez pas ici ! De l'amitié ? Ne venez pas ici ! De la reconnaissance pour ce que vous avez fait ? Ne venez pas ici ! Mais si sûr et convaincu de votre vocation, vous cherchez Jésus Christ ; Jésus pauvre, Jésus humilié, Jésus souffrant, Jésus crucifié; alors

---

[114] *Saint Cyrille d'Alexandrie dans son commentaire sur l'évangile de Jean à l'office des Lectures à l'occasion de la fête des Saints Simon Jude*

venez! Empressez-vous de venir, vous aurez de quoi amer a vous nourrir. »[115]

Dans cette pensée du vénérable Melchior de Marion Brésillac, il est à comprendre que toute personne qui volontiers accepte de répondre favorablement à l'appel à la vie sacerdotale ministérielle et/ou consacrée, doit avoir en tête qu'elle a pris sur elle un engagement à la suite du Christ, engagement qui requiert un désintéressement total, une disponibilité absolue au vécu desquels, l'intérêt personnel de l'individu qui répond à cet appel se noie dans l'intérêt suprême du Christ et de la cause de l'Evangile.

Alors les questions fondamentales à poser ici sont les suivantes : avez-vous sans aucune pression extérieure, décidé de répondre à l'appel de Dieu à la vie sacerdotale ministérielle et/ou consacrée ? Savez-vous que vous n'êtes pas l'auteur de votre vocation, et que vous n'en êtes pas à l'origine ? Savez-vous qu'à toute vocation de la part de Dieu est rattachée une mission spécifique qui requiert de l'appelé (ée) un renoncement à soi, un esprit de sacrifice et d'abandon à la divine providence et par-dessus tout une entière disponibilité vis-à-vis de Dieu et de son Église ? Et pourtant vous avez répondu favorablement. Pourquoi avez-vous

____

[115] Melchior de Marion Brésillac, *Retraite aux Missionnaires*,

121

répondu ? Ne saviez-vous pas que l'appel auquel vous répondiez est lié à un reniement de soi et un vouloir à la réalisation du projet de Dieu avec vous au bénéfice de sa sainte Église Catholique ? Si vous le saviez, pourquoi avez-vous répondu alors que vous aviez la pleine liberté de dire « Non » ?

Retenons qu'ici (dans la vie sacerdotale ministérielle et/ou consacrée), on sert Dieu d'abord et Lui nous sert ensuite. Le Christ dans l'évangile selon saint Matthieu dit à cet effet : « Que dire du serviteur fidèle et sensé à qui le maître a confié la charge des gens de sa maison, pour leur donner la nourriture en temps voulu ? Heureux ce serviteur que son maître, en arrivant, trouvera en train d'agir ainsi ! Amen, je vous le déclare : il l'établira sur tous ses biens. »[116] Il faut donc se donner pour la mission de la sainte Église Catholique à l'instar des Apôtres suite à leur appel par le Christ.

3.2. Mission des Apôtres suite à leur appel par le Christ

Ici, soulignons avec l'évangéliste saint-Marc qu'aucun des apôtres n'est l'auteur ni de sa vocation d'apôtre, ni de la mission qui y est liée. Car, tous ils ont été choisis et/ou appelés par le

---

[116]*La Sainte Bible Mtt24 :45-47 selon AELF*

Christ lui-même. Marc rapportera à cet effet ce qui suit :

« Puis, il gravit la montagne, et il appela ceux qu'il voulait. Ils vinrent auprès de lui, et il en institua douze pour qu'ils soient avec lui et pour les envoyer proclamer la Bonne Nouvelle avec le pouvoir d'expulser les démons. »[117]

À bien comprendre ces versets de l'évangéliste Marc, il en ressort que le Christ semble avoir ressenti la nécessité d'avoir avec lui des aides de camp avec qui il collaborera dans un premier temps dans cette mission à lui confiée par le Père et à qui il pourra léguer celle-ci par la suite.

Ceci trouve écho dans l'histoire du salut du genre humain par les mystères de l'Incarnation et de Pâques. En effet de ces deux éléments essentiels ou du moins très importants dans le credo catholique, l'on pourrait déduire que si la réconciliation du genre humain avec Dieu après la chute des deux premières créatures humaines a été une initiative de Dieu lui-même, en permettant que son Verbe prenne chair, Dieu semble montrer par là que pour sauver le genre humain il était nécessaire de passer par un humain. D'où, les deux

---

[117] *La Sainte Bible Mc3 :13-15 selon AELF*

natures en Jésus-Christ qui est Dieu et homme à la fois.

En connexion donc avec ce qui précède, ne serait-il pas utile que nous nous permettions de dire que certes le Christ aurait pu agir tout seul relativement à la mission que le Père lui avait confiée, mais son choix laisse percer une intention de poursuivre le dessein du Père dans la perspective de la sotériologie.

Ainsi, l'on pourrait affirmer que parmi toutes les explications que l'on peut trouver, disons sommairement que le Christ, en venant à la rencontre de l'humain, a éprouvé le besoin d'une proximité, d'une intimité. D'où, le choix des collaborateurs (les Apôtres). Ici, soulignons que la nécessité de composer avec les humains s'est imposée afin que chacun puisse être bénéficiaire de son action salvatrice.

En bref, et plus, simplement, il désirait être au cœur des siens et avec eux. Et ce, l'expérience missionnaire a montré que tout peuple accueille volontiers le messager de Dieu lorsque celui-ci commence à s'identifier au peuple en question par sa manipulation de la langue de ce peuple et son adaptation à la culture et à la philosophie de vie de ce peuple. L'on pourrait même pousser plus loin l'argumentation en soutenant que par l'appel et le choix des apôtres, le Christ s'inculturait d'avantage pour que le règne de Dieu à établir rencontre l'accueil favorable des siens, pour qui lui, le Christ est venus dans le monde.

Tout ce qui vient d'être dit ci-dessus montre clairement que le Christ est dans la continuité de la volonté de son Père. Lorsque nous essayons de parcourir la Sainte Bible, nous remarquons un Dieu qui va toujours à la rencontre et à la rescousse de l'homme par l'homme. Il a de ce fait suscité une réciprocité. À cet effet, les textes que voici en disent long : Exode 25 : 8 et 29 : 45

« Ils me feront un sanctuaire et je demeurerai au milieu d'eux. Je demeurerai au milieu des fils d'Israël, et je serai leur Dieu. » de 1Rois6 :13 « Je demeurerai au milieu des fils d'Israël, je n'abandonnerai pas mon peuple Israël". » Zacharie 2 :10-11 « Allez ! Allez ! Quittez en hâte le pays du nord – oracle du Seigneur ! Aux quatre vents des cieux je vous avais dispersés – oracle du Seigneur ! Allez ! Sion, sauve-toi, toi qui es installée à Babylone. » et 2Cor 6 :16-18 « quelle entente y a-t-il entre le sanctuaire de Dieu et les idoles ? Nous, en effet, nous sommes le sanctuaire du Dieu vivant, comme Dieu l'a dit lui-même : j'habiterai et je marcherai parmi eux, je serai leur Dieu et ils seront mon peuple. Sortez donc du milieu de ces gens-là et séparez-vous, – dit le Seigneur ; ne touchez à rien d'impur, et moi je vous accueillerai : je serai pour vous un père, et vous serez pour moi des fils et des filles, – dit le Seigneur souverain de l'univers. »

D'ailleurs, la signification du nom Emmanuel (Dieu avec nous), prédite au sujet de Jésus dans l'histoire de l'Incarnation avant sa naissance, vient en appui pour corroborer notre raisonnement. En effet, si l'évangéliste en parlant du choix des Apôtres mentionne que le Christ les appela pour qu'ils soient avec lui, il rejoint implicitement ce nom prophétique (Emmanuel) donné à Jésus avant sa naissance. Dans le prolongement symbolique de la notion d'apôtre, c'est aussi nous avec lui. Cette interpénétration du divin et de l'humain réalisé en la personne du Christ, est langage d'amour et de partage. Partage aussi, car le texte dit qu'il les envoie prêcher.

Autrement dit, ces douze seront porteurs d'une bonne nouvelle à transmettre. C'est parce qu'ils sont avec lui, qu'ils sont aptes à transmettre. Cette transmission ne peut être que bonne nouvelle. Ce choix nous parle et nous réjouit. Dieu, du haut de sa transcendance n'a pas fait le choix de nous lancer uniquement des messages, il a désiré du lien, de la proximité. Il a souhaité rendre l'humain participant d'un fabuleux projet de salut. Il a placé l'homme au cœur de sa propre préoccupation. C'est dans cet ordre d'idée que l'apôtre Paul dira :

« Nous faisons donc les fonctions d'ambassadeurs pour Christ, comme si Dieu exhortait par nous (…) »[118]

Au regard donc de tout ce qui précède, il ne serait pas incohérent d'affirmer que les Apôtres avaient pris conscience de l'appel du Christ à les vouloir comme associés et collaborateurs dans le plan du salut de Dieu pour l'homme par l'homme. Ainsi, ils s'y sont engagés sans détour, même face aux nombreux obstacles et persécutions qui leur donneront rendez-vous au quotidien dans leur engagement apostolique après la Pentecôte. A mon humble avis, ce dévouement et cette détermination acharnée des apôtres dans leur engagement apostolique et missionnaire montrent qu'ils avaient non seulement fait une expérience personnelle avec le Christ, mais aussi et surtout, ils montrent par leur engagement passionné qu'ils avaient bien compris qu'ils n'étaient nullement à la base de leur vocation et ils n'étaient pas non plus propriétaires de la mission qui leur était confiée ; donc, pas de tri à faire ; ce qui compte le plus c'est d'aller annoncer le Kérygme pour que le genre humain parvienne à la connaissance de ce vrai Dieu dont Jésus-Christ est venu lui parler.

---

[118] *La Sainte Bible 2Cor5 :20 selon AELF*

Ainsi, dans un esprit de sacrifice et de renoncement de soi, les apôtres s'étaient engagés à transmettre la Bonne Nouvelle du Christ jusqu'aux extrémités de la terre comme lui-même le leur avait recommandé dans le mandat missionnaire qui est libellé en ces termes : « Allez ! De toutes les nations faites des disciples : baptisez-les au nom du Père, et du Fils, et du Saint-Esprit, apprenez-leur à observer tout ce que je vous ai commandé. Et moi, je suis avec vous tous les jours jusqu'à la fin du monde. »[119]

S'engager donc dans ce projet d'exécution du mandat missionnaire donné par le Christ lui-même, c'est, s'engager sans détour à l'acceptation d'une vie de sacrifice. Et c'est ce que doit comprendre quiconque s'engage à répondre à l'appel de Dieu par la vie sacerdotale ministérielle et/ou consacrée.

---

[119] *La Sainte Bible Mtt 28 :18-20 selon AELF*

3.3. Réponse à l'appel de Dieu par la vie sacerdotale ministérielle et/ou consacrée comme acceptation d'une vie de sacrifice

L'exhortation apostolique post-synodale Pastores Dabo Vobis de Sa Sainteté le pape Jean-Paul II, de vénérée mémoire, en son numéro 11 dit ceci :

« La connaissance de la nature et de la mission du sacerdoce ministériel est le présupposé nécessaire et en même temps le guide le plus sûr et le stimulant le plus fort pour développer dans l'Église l'action pastorale, en vue de la promotion et du discernement des vocations sacerdotales et de la formation de ceux qui sont appelés au ministère ordonné. La recherche d'une connaissance exacte et profonde de la nature et de la mission du sacerdoce ministériel est donc la voie à suivre. »[120]

C'est en nous liant à ces propos que nous allons essayer de comprendre que la réponse à l'appel de Dieu par l'engagement à la vie sacerdotale ministérielle et/ou consacrée est en fait l'acceptation d'une vie de sacrifice.

---

[120] Pape Jean Paul II, *Exhortation Apostolique Post-Synodal Pastores Dabo Vobis No 11*

Ainsi, lorsque l'on essaie de soutirer quelques conceptions des prêtres eux-mêmes sur la vie sacerdotale ministérielle et/ou consacrée par une interview, la plupart des jeunes prêtres ont recours spontanément, au cours de l'entretien, au terme « radicalité » pour décrire leur vocation.

C'est, en effet, dans la rupture avec certaines normes et valeurs dominantes comme la recherche du plaisir et celle du profit, que se situe leur particularité. En un mot, ils comprennent leur choix de vie comme un renoncement de soi et donc une sorte de vie à contre-courant de la logique humaine et de la réalité sociale. Notons cependant que l'idéal sacerdotal leur offre, dans cette perspective radicale, un ensemble très précieux de ressources mobilisables.

Si, de ce qui précède, nous pouvons déduire le caractère radical de la vie sacerdotale ministérielle et/ou consacrée, il ne serait pas incohérent de faire appel à quelques témoignages forts de quelques jeunes prêtres à ce sujet.

En effet, ces derniers disent respectivement ce qui suit au sujet de leur vocation et/ou de la vie sacerdotale ministérielle : « Je pense que certaines personnes doivent associer notre vocation à une espèce de folie. Folie, au sens où l'on s'astreint à des choses. Ça, ça peut entraîner du respect ou du dénigrement. »[121] Les propos d'un prêtre du diocèse de Paris, 36 ans, ordonné 8 ans auparavant. Un autre du diocèse de Paris, 31 ans, ordonné un an auparavant, dira quant à lui ce qui suit : « Il y a quelque chose de fou dans ce type d'engagement. Ce n'est pas neutre comme témoignage. Ça dérange dans un sens ou dans l'autre. »[122] Ce n'est pas celui du diocèse de Valence, 31 ans, ordonné il y a 4 ans, qui dira le contraire, lui qui affirmait ceci : « Ce qui me saute aux yeux, c'est l'aspect marginal de notre situation. Je ressens très fortement la marginalité de nos choix (...) je pense qu'il y a des gens qui nous voient un peu, pas comme des martyrs, mais comme des personnes qui ont pris un engagement dont ils ne se sentent pas la force. Il y a une sorte d'héroïsme qui fait que la figure du prêtre reste loin... Il y a aussi de l'indifférence ou de la curiosité. Les gens ne savent pas grand-chose de la vie des prêtres. C'est vrai que le domaine affectif arrive très vite dans les conversations. Les conditions de vie aussi, l'aspect financier des choses. »[123]

À comprendre de façon plus profonde les différents témoignages ci-dessus, l'on parvient à

---

[121] Témoignage de jeunes

[122] Idem

[123] *Idem*

déduire que les prêtres ont tous une profonde conscience de la singularité de leur choix de vie ainsi que de la perception sociale de celle-ci. Mais à y voir de près, une telle vie, ou du moins un tel choix de vie, ne peut être dissociée (é) d'une vie de sacrifice. D'où le bien-fondé de cette partie de notre réflexion : réponse à l'appel de Dieu par la vie sacerdotale ministérielle et/ou consacrée comme acceptation d'une vie de sacrifice.

Alors qu'est-ce que la vie de sacrifice ? Qu'y a-t-il de sacrificiel dans la vie sacerdotale ministérielle et/ou consacrée ? Le renoncement de soi-même que requiert la réponse à la vocation à la vie sacerdotale ministérielle et/ou consacrée pour n'avoir d'yeux que l'intérêt de la mission de la sainte Église peut-il être dissocié d'une vie de sacrifice ? La vie sacerdotale ministérielle et/ou consacrée, ne requiert-elle pas un appel quotidien à une vie de sacrifice ?

Le vrai déploiement de la vie sacerdotale ministérielle et/ou consacrée, ne se traduit-il pas dans un éternel commencement de témoignage d'un esprit de sacrifice ? Renoncer à tout par amour pour Dieu et pour le Royaume des cieux n'est-ce pas l'essence même de la vie sacerdotale ministérielle et/ou consacrée ?

Essayons d'avancer une tentative de réponse au questionnement ci-dessus. Parlons d'abord de la vie de sacrifice en soulignant que plusieurs personnes et statuts de fonction pratiquent la vie de sacrifice. C'est donc en ce sens que nous pouvons dire de la vie de sacrifice ce qui suit : si le dictionnaire, Le petit Larousse dans sa deuxième définition du terme 'Sacrifice', l'entend comme « renoncement volontaire à quelque chose ou encore comme des privations que l'on s'impose pour un bien plus grand »[124], la vie sacerdotale ministérielle et/ou consacrée n'est pas très loin d'être lue dans cette même perspective, puisque lorsqu'ici nous nous référons au verbe pronominal se sacrifier, nous venons à comprendre que celui-ci ne peut être traduit que de la manière suivante : « Faire le sacrifice de sa vie, de ses intérêts et de bien des choses.»

Or, faire le sacrifice de sa vie et le sacrifice de ses propres intérêts, voilà bien ce qu'est la vie sacerdotale ministérielle et/ou consacrée, puisque dans ce corps de vie, l'intérêt et la vie du ministre ordonné lui-même ne comptent pas trop, mais plutôt l'intérêt du Christ qui compte le plus.

En d'autres termes, parvenir à implanter la croix du Christ dans tout l'univers en conquérant des cœurs, des âmes, des peuples, des races et des nations, voilà bien ce qui préoccupe et doit plus

---

[124] https://www. *Larouss.fr, dictionnaire français,*

préoccuper le ministre ordonné et/ou personne consacrée, puisque par le sacrifice de sa vie, il a vendu à très bas prix ses propres intérêts au profit de l'intérêt suprême qu'est l'intérêt du Christ qui lui n'est rien d'autre que le salut des âmes.

Pour ce faire, une fois surpris par le maître de la moisson dont l'appel est irrésistible, le candidat qui a accepté de répondre à l'appel de Dieu sacrifie, famille, parents, frères, sœurs, amis (ies), connaissances, voire même pays pour ce qui concerne les missionnaires, et se lance dans une aventure dont le seul intérêt qui compte est de faire connaitre le Dieu de Jésus Christ à toutes les nations, races et peuples afin de gagner de millier d'âmes pour le Christ.

Ici, la vie de sacrifice que caractérise la vie sacerdotale ministérielle et/ou consacrée semble faire écho dans le corps militaire où le soldat, au détriment de sa propre vie et au profit de la souveraineté de la nation et du bien-être des populations est appelé à s'engager en bataille même si l'incertitude de revenir des combats est plus assurée que la certitude d'y périr.

De là, il apparaît clairement que la vie du ministre ordonné et/ou la personne consacrée et celle du militaire ne sont que des vies de perpétuel sacrifice où leurs propres intérêts comptent peu. Toutefois, précisons que celle du ministre ordonné et/ou personne consacrée est plus un sacerdoce, puisque son travail est sans rémunération, contrairement au militaire qui lui, perçoit un salaire à la fin du mois, et même finit par être promu au grade supérieur si d'aventure, il réussissait bien ses missions, sain et sauf.

Pour finir, nous comprenons que la vie sacerdotale ministérielle et/ou consacrée et la vie de sacrifice s'interpénètrent et sont par conséquent indissociables. En réalité, nul ne peut parler de vie sacerdotale ministérielle et/ou consacrée sans faire référence à une vie de sacrifice. Le Christ en était bien conscient, c'est pourquoi il a pu dire à ses disciples qu'il envoyait en mission, selon Matthieu 10 : 22, que : « vous serez haïs de tous à cause de mon nom (…). »[125]

De tout ce qui précède, nous finissons par comprendre que la vie sacerdotale ministérielle et/ou consacrée n'est pas qu'une vie de sacrifice, mais une vie de sacrifice perpétuel. Par conséquent, le ministre ordonné et/ou la personne consacrée qui veut mener à bien sa mission à la suite du Christ et qui pense ne pas rencontrer de difficultés et des obstacles, ou pense en rencontrer trop sur son chemin de propagation de la foi, perd son temps dans ce choix libre de vie. Car, la vie

---

[125] *La Sainte Bible Mtt 10 :22 selon AELF*

sacerdotale ministérielle et/ou consacrée est faite de sacrifice perpétuel.

- **Sacrifice Perpétuel**

Si le point précédent nous a permis de comprendre que nul ne peut parler de la vie sacerdotale ministérielle et/ou consacrée sans faire un clin d'œil à la vie de sacrifice, le sacrifice dont il est question ici est un sacrifice illimité et donc perpétuel. C'est dire que la vie sacerdotale ministérielle et/ou consacrée ne peut se passer de la manière désintéressée dont doit vivre le ministre ordonné lui-même, puisque pour lui, rien ne doit plus compter que l'intérêt du Christ qui en réalité est le salut de toutes les âmes. Il va sans dire que l'esprit de sacrifice est la vertu qui doit animer le ministre ordonné dans tout son engagement à non seulement propager la foi, mais aussi à conquérir de nombreux cœurs, de nombreux peuples, de nombreuses races et de nombreuses âmes en implantant par-là la croix du Christ dans tout l'univers. Ainsi, il apparaît clairement que le vrai déploiement de la vie sacerdotale ministérielle et/ou consacrée ne se traduit que dans un éternel commencement de témoignage d'un esprit de sacrifice.

Il en ressort que, hors du sacrifice perpétuel qui caractérise la vie sacerdotale ministérielle et/ou consacrée, il n'y a pas de réponse à une vocation authentique à proprement parler, puisque la vie sacerdotale ministérielle et/ou consacrée est un appel à la suite du Christ. Or, 'la sequela Christi' requiert une vie de témoignage et donc d'assez de renoncements à soi-même.

Car, nul ne peut en réalité prétendre témoigner du Christ de manière authentique sans rencontrer d'obstacles et de difficultés sur son chemin. Mais le sacrifice perpétuel dont il s'agit ici se traduit dans le détachement radical que fait le ministre ordonné de tout ce qui pourrait lui apporter un bonheur autre que celui que le Christ lui accordera à la fin des temps, après avoir servi comme « un serviteur inutile qui n'a fait que ce qu'il devait faire, »[126] comme le stipule saint Luc en son chapitre 17 : 10.

De tout ce dont nous avons parlé au sujet de la réponse à la vocation à la vie sacerdotale ministérielle et/ou consacrée comme un engagement à vivre dans un perpétuel esprit de sacrifice, nous pouvons retenir qu'au regard de tout ce qui a été dit, il convient de souligner qu'en réalité le renoncement à soi-même que requiert la réponse à la vocation à la vie sacerdotale

---

[126] *La Sainte Bible Catholique Lc17 :10 selon AELF*

ministérielle et/ou consacrée, pour n'avoir d'yeux que l'intérêt de la mission de la sainte Église, ne peut être dissocié d'une vie de sacrifice et donc de la vie sacerdotale ministérielle et/ou consacrée.

Par conséquent, renoncer à tout par amour pour Dieu et pour le Royaume des cieux est en réalité l'essence même de la vie sacerdotale ministérielle et/ou consacrée. Car, l'objectif de faire connaître le Dieu de Jésus-Christ à toutes les nations, et même au péril de sa propre vie comme le Christ lui-même le signifiait dans l'évangile selon saint Mathieu en son chapitre 10:16 en ces termes : « Voici que moi, je vous envoie comme des brebis au milieu des loups. Soyez donc prudents comme les serpents, et candides comme les colombes, »[127] montre combien la réponse à la vocation d'une telle vie ne peut être qu'un perpétuel sacrifice. Puisque la vie sacerdotale ministérielle et/ou consacrée comme une vie de perpétuel sacrifice est à comprendre dans le sens que, non seulement la propre vie et l'intérêt propre du ministre ordonné lui-même ne comptent plus, mais aussi le plus grand bien à acquérir ici par tous les moyens, est le salut des âmes devant lequel, l'intérêt propre du ministre ordonné ainsi que sa propre vie ne sont qu'insignifiants.

---

[127] Idem, Matt 10 :16 selon AELF

À ce stade de notre réflexion, il convient de retenir que la vie sacerdotale ministérielle et/ou consacrée est un appel à la suite du Christ comme disciple et témoin. Or, toute vie de témoignage au Christ implique inéluctablement des persécutions, qui seule une vie de sacrifice perpétuel peut en persévérer. Il en ressort que la vie sacerdotale ministérielle et/ou consacrée, persécutions, incompréhension, difficultés, obstacles, vie de sacrifice ou esprit de sacrifice au sens de ne plus chercher son profit à soi ou du moins de n'avoir d'yeux que pour l'intérêt du Christ, ainsi que la persévérance font tous route ensemble dans la vie de celui qui a vraiment décidé de répondre à l'appel du Christ et de devenir prêtre de Jésus Christ pour la cause de la Bonne Nouvelle du Christ.

Il va sans dire que toute vie sacerdotale ministérielle et/ou consacrée dissociée d'obstacles, des difficultés, d'une vie de sacrifice perpétuel et de persévérance est une perte de temps dans la vigne du Seigneur. Car le Christ lui-même avant d'envoyer les douze en mission selon Matthieu 10 : 22 avait dit : « Vous serez haïs de tous à cause de mon nom (…). »[128]

---

[128] *Idem*, Matt 10 :16

Il s'en suit donc que, la vie sacerdotale ministérielle et/ou consacrée est en réalité une forme de vie dans laquelle le ministre ordonné ne jure que par l'intérêt du Christ qui est que : « (…) Tous soient sauvés et parviennent à la connaissance de la vérité »[129] selon 1Tim2 : 4.

Pour finir, disons qu'à voir de près ce qu'est la vie sacerdotale ministérielle et/ou consacrée, nous nous rendons compte que c'est une forme de vie à travers laquelle l'on voue son intérêt, sa propre vie au bien commun de l'Église qui n'est rien d'autre que 'le salut des âmes. ' En un mot, le ministre ordonné devrait être un fou de la croix du Christ et qui lit sa propre vie à la lumière du suprême sacrifice qu'offrit son maître, le Christ sur la croix une fois pour toutes, pour le salut de l'humanité toute entière.

En conséquent, le ministre ordonné qui refuse de se voir tel quel, ne fait que perdre son temps dans le sacerdoce ministériel. Comme pour paraphraser Marc 9 : 42 ' il serait mieux pour lui qu'on ramasse ses bagages et qu'on le rapatrie dans un autre état de vie. ' Car, la vie sacerdotale ministérielle et/ou consacrée sans l'esprit de sacrifice n'est que recherche par la voie inappropriée d'une ascension sociale. En clair, le sens de sacrifice perpétuel est ce

---

[129] *Ibidem*, 1Tm2 :4

qui caractérise la vie sacerdotale ministérielle et/ou consacrée et en fait sa particularité.

Dieu nous appelle à le servir partout. C'est lui-même qui a institué l'obéissance et il nous demande d'être humbles. Cet appel, qui est lié à une mission, ne peut être mené à bien sans un certain nombre d'exigences à observer qui à leurs tours appellent à une vie de perpétuel sacrifice. D'où, le sens de la vie de sacrifice qui caractérise la vie sacerdotale ministérielle et/ou consacrée comme démontré plus haut dans notre réflexion sur la vie sacerdotale missionnaire.

In fine, il est à comprendre que si la vie sacerdotale ministérielle et/ou consacrée ne peut être qu'une vie de perpétuel sacrifice, elle ne peut nullement être la réalisation d'un projet personnel.

4. Vocation à la vie consacrée comme réalisation de projet personnel

« À un moment où la vocation ministérielle est devenue statistiquement rarissime, celle-ci s'impose forcément comme un choix individuel assumé et non le fruit d'une pression sociale. Elle prend, dès lors, une nette valeur distinctive. »[130]

---

[130] Céline Béraud p.p.45-66

Si nous voulons bien suivre Céline Béraud dans son affirmation ci-dessus, il conviendrait d'en déduire que la réponse à l'appel à la vie consacrée sous toutes ses dimensions n'est pas l'expression de vouloir réaliser son projet personnel, mais faire un choix décisif qui soumet celui ou celle qui le fait au projet que Dieu qui appelle a sur ce dernier ou cette dernière. Cependant, certaines attitudes de certaines personnes consacrées, qu'elles soient prêtres diocésains, missionnaires, religieux ou Religieuses nous poussent à un questionnement sur l'orthodoxie de leur consécration, voire même sur les motivations profondes qui les ont emmenés à faire un tel choix de vie, parce que l'on ne peut pas choisir librement de consacrer sa vie entière à Dieu et par ricochet à la sainte Eglise catholique au bénéfice du salut de ses frères et sœurs, et revenir choisir la mission qu'il ou elle veut accomplir dans cette même Eglise. C'est d'ailleurs en ce sens que Presbyterorum Ordinis en son N°10 dit ce qui suit : « Le don spirituel que les prêtres ont reçu à l'ordination les prépare, non pas à une mission limitée et restreinte, mais à une mission de salut d'ampleur universelle, jusqu'aux extrémités de la terre (…) ; n'importe quel ministère sacerdotal participe, en effet, aux dimensions universelles de la mission confiée par le Christ aux Apôtres. »[131]

---

[131] Décret du concile Vatican II, Presbyterorum Ordinis N°10,

Poursuivons dans ce sens pour dire que l'Église est de nature missionnaire et lorsque l'on s'engage à la servir à travers la vie consacrée sous toutes ses dimensions possibles, normalement cela sous-entend une disponibilité totale et une soumission complète de la part de la personne consacrée à prendre une part active aux activités missionnaires de l'Église. Mais à partir du moment où un individu prétendu consacré, refuse des services de la part de la sainte Église à travers ses autorités ecclésiales compétentes et fait choix du lieu où il veut servir l'Église, cela montre clairement que la réponse à la prétendue vocation à la vie consacrée n'était qu'en vue de réaliser son projet personnel, pas celui de Dieu au bénéfice de son Église.

Ainsi, lorsque la réponse à l'appel à la vie consacrée est faite pour réaliser un projet personnel, des traits caractéristiques ci-après ne se font pas rares dans l'attitude générale du ministre ordonné et/ou personne consacrée. Entre autres le refus d'affectation et/ou de nomination, la classification de certaines missions ou services comme des enfers et la recherche d'intérêt personnel par le choix de mission au mépris de la mission que la sainte Église Catholique veut confier.

4.1. Le refus d'affectation et/ou de nomination

Le refus d'affectation et/ou de nomination est l'expression de l'ignorance de son identité de prêtre ou de personne consacrée. Pour nous, refuser une affectation et/ou une nomination sauf en cas de problème de santé, c'est manquer d'accorder du crédit à ce que Sa Sainteté le pape Jean-Paul II, de vénérée mémoire, dans son exhortation apostolique Pastores Dabo Vobis en son numéro 11, écrivait : « Le prêtre trouve la pleine vérité de son identité dans le fait d'être une participation spécifique et une continuation du Christ lui-même, souverain et unique prêtre de la Nouvelle Alliance : il est une image vivante et transparente du Christ prêtre. »[132]

Refuser donc une affectation et/ou nomination quelconque en tant que prêtre, c'est manquer de connaître l'essence de sa propre identité en tant que ministre ordonné et/ou consacré. C'est en raison de cela que le pape Jean-Paul II, de vénérée mémoire, soutenait dans son exhortation apostolique Pastores Dabo Vobis que : « Le prêtre, en vertu de la consécration qu'il a reçue par le

---

[132]Pape Jean Paul II, *Exhortation Apostolique Pastores Dabo Vobis* No11

sacrement de l'ordre, est envoyé par le Père, par Jésus-Christ, à qui il est configuré de manière spéciale comme Tête et Pasteur de son peuple, pour vivre et agir, dans la force de l'Esprit Saint, pour le service de l'Église et pour le salut du monde. »[133]

Il poursuit pour affirmer que :

« Le prêtre est intégré sacramentellement dans la communion avec l'évêque et avec les autres prêtres, pour servir le Peuple de Dieu qui est l'Église et pour conduire tous les hommes au Christ, conformément à la prière du Seigneur : « Père saint, garde-les dans ton nom que tu m'as donné pour qu'ils soient un comme nous... Comme toi, Père, tu es en moi et moi en toi, qu'eux aussi soient en nous, afin que le monde croie que tu m'as envoyé » (Jn 17, 11. 21). On ne peut donc définir la nature et la mission du sacerdoce ministériel hors de cette trame multiple et riche des rapports qui ont leur source dans la très Sainte Trinité et qui se prolongent dans la communion de l'Église comme signe et instrument, dans le Christ, de l'union des hommes avec Dieu et de l'unité de tout le genre humain. »[134]

---

[133] *Idem, No 12*

[134] *Ibidem*

De tout ce qui précède, nous pouvons être d'accord avec le Saint Père, de vénérée mémoire, pour affirmer que conformément au sacerdoce d'Aaron selon l'Ancien Testament, aucun ministre ordonné dans l'Église présente ne serait ordonné, puisqu'aucun de nous n'est issu de la lignée des Lévi pour avoir la possibilité de devenir prêtre. Parce que ce sacerdoce des Lévi était héréditaire, alors qu'aucun de nous en tant que prêtre de la nouvelle alliance, aujourd'hui, n'est issu de cette lignée. Ceci pour dire que nous tenons notre sacerdoce ministériel de celui du Christ, le seul grand-prêtre de la nouvelle alliance.

Or, de lui-même qui est le grand prêtre par excellence, saint Luc nous dit: « Quand il fit jour, Jésus sortit et s'en alla dans un endroit désert. Les foules le cherchaient ; elles arrivèrent jusqu'à lui, et elles le retenaient pour l'empêcher de les quitter. Mais il leur dit : « Aux autres villes aussi, il faut que j'annonce la Bonne Nouvelle du règne de Dieu, car c'est pour cela que j'ai été envoyé. »[135]

Pour aller dans le même sens, saint Jean de son côté nous rapporte les propos que voici de la part du Christ : « Comme le Père m'a envoyé, moi aussi, je vous envoie. »[136] De tout ce qui précède, surgit

------

[135] *La Sainte Bible Catholique Lc 4 :42-43 selon AELF*

[136] *Idem, Jn* 20, 21 ; cf. 13, 20 ; 17, 18 selon AELF

une question fondamentale : le ministre ordonné et/ou personne consacrée qui refuse une affectation et/ou nomination quelconque, se serait-il appelé lui-même et envoyé ou bien prend-il part à la mission du Christ, le grand-prêtre au sacerdoce de qui il est incorporé ?

Pastores Dabo Vobis en ce sens soutiendra que : « De même que Jésus a une mission qui lui vient directement de Dieu et qui rend présente l'autorité même de Dieu (Cf. Mt 7, 29 ; 21, 23 ; Mc 1, 27 ; 11, 28 ; Lc 20, 2 ; 24, 19), de même les apôtres ont une mission qui vient de Jésus. »[137]

Il s'en suit qu'avant tout refus d'affectation et/ou de nomination dans la sainte Église catholique en tant que ministre ordonné et/ou personne consacrée, nous devons d'abord chercher à comprendre que c'est « Au service de ce sacerdoce universel de la Nouvelle Alliance, Jésus a appelé à lui, au cours de sa mission terrestre, plusieurs de ses disciples ; avec l'autorité d'une mission spécifique, il appelle et institue les Douze « pour être ses compagnons et pour les envoyer prêcher, avec pouvoir de chasser les démons. »[138]

---

[137] Pape Jean Paul II, *Exhortation Apostolique Pastores Dabo Vobis* No14

[138]*La Sainte Bible Catholique Mc 3 :14-15 selon AELF*

Et ce, il ne les a pas envoyés vers un groupuscule ou alors dans les endroits qu'eux, les apôtres, avaient choisi, mais il les envoya à tous les hommes sans distinction de localisation ni de race. » Alors, quant à nous prêtres ... Je nous en prie qu'appelons nous donc affectation punitive ? Sommes-nous des fonctionnaires d'État ? N'est-ce pas par amour que nous avons tout laissé pour suivre le Christ ? Là où nous sommes affectés et où nous refusons parfois d'aller, n'y a-t-il jamais eu d'autres prêtres qui y ont servi l'Église ? Ou encore n'est-ce pas aussi le peuple de Dieu qui se trouve à ces endroits ?

Que le Seigneur nous accorde la grâce de reconnaître que nous nous sommes égarés en route…Et que nous avons refusé la croix qu'il nous a confiée toutes les fois que nous avons refusé un service quelconque à la sainte Église Catholique. Je nous (personnes consacrées) en prie, n'hésitons pas à aimer le peuple de Dieu et à aller à lui où qu'il soit. Aimons jusqu'au bout notre vocation.

Refuser une affectation et/ou une nomination en tant que ministre ordonné et/ou personne consacrée ne reviendrait-il pas à exprimer clairement l'ignorance des propos du Pape Jean-Paul II, de vénérée mémoire, dans son exhortation apostolique Pastores Dabo Vobis? En effet, il dit ce qui suit sur la nature et la mission du sacerdoce ministériel : « La connaissance de la nature et de la mission du sacerdoce ministériel est le présupposé nécessaire et en même temps le guide le plus sûr et le stimulant le plus fort pour développer dans l'Église l'action pastorale, en vue de la promotion et du discernement des vocations sacerdotales et de la formation de ceux qui sont appelés au ministère ordonné. »[139]

D'aucuns me parleront ici, d'affectation punitive, raison pour laquelle il arriverait de refuser une affectation et/ou nomination quelconque. Qu'est-ce que nous appelons affectation punitive ? Ces prêtres, s'estiment-ils meilleurs pour ne pas aller dans ces endroits où la sainte Église a besoin de leur service ? Le peuple de Dieu présent dans ces localités, n'a-t-il pas lui aussi droit à la Bonne Nouvelle du Christ, aux sacrements et en un mot n'a-t-il pas droit au salut lui aussi ? Si l'on refuse ces missions parce que les classant comme des enfers, la question est de savoir si des personnes humaines comme soi, qui partagent le même don du souffle de vie, n'y sont pas ou n'y vivent pas ? Sont-elles mortes ? Ou bien notre vie à nous en tant que ministres ordonnés et/ou personnes consacrées est-elle plus précieuse que la leur ? N'ont-elles pas droit elles aussi à la

---

[139] Pape Jean Paul II, *Exhortation Apostolique Pastores Dabo Vobis No11*

Bonne Nouvelle du Christ que, par notre engagement à la vie consacrée, nous avions accepté volontiers d'annoncer ? Le jour de notre ordination sacerdotale et/ou de notre vœux perpétuel, n'étions-nous pas contents et n'avions-nous pas affirmé être prêts à aller annoncer la Bonne Nouvelle du Christ partout où nous serons envoyés? N'avions-nous pas promis obéissance? Pourquoi si tôt oubliée cette promesse d'obéissance ? Qu'est-ce qui n'a donc pas marché aussitôt ? Ne serions-nous pas là en train de jouer au Simon Pierre qui après avoir promis disponibilité totale n'avait pas perdu assez de temps avant de répéter trois fois qu'il ne connaissait pas le Christ ? Saint Jean dans le chapitre 13 versets 37 à 38 de son évangile le rapportent très bien en ces termes :

« Seigneur, pourquoi ne puis-je pas te suivre à présent ? Je donnerai ma vie pour toi » ?

« Tu donneras ta vie pour moi ?

Amen, amen, je te le dis : le coq ne chantera pas avant que tu m'aies renié trois fois. »[140]

Pourquoi appeler ces missions infernales ?

---

[140] *La Sainte Bible Catholique, Jean 13:37-38 selon AELF*

4.2. Classification de mission ou service dans l'Eglise comme infernal

Si nous partons du principe logique et de vie selon lesquels nul ne peut connaître authentiquement et de façon exhaustive là où il ne s'est jamais rendu, alors il serait fallacieux de juger ou de classer une mission quelconque d'infernale si l'on ne s'y est pas rendu et n'y a pas encore vécu. Car, si nous devons nous baser sur ce que d'autres ont raconté sur une paroisse ou mission quelconque pour refuser d'y aller pour la mission de la sainte Église, il serait quand même un peu léger de notre part d'appréhender les choses sous les explications et expériences des autres pour prendre des résolutions ou décisions, puisque les expériences diffèrent toujours d'un individu à un autre. Car, ce que X peut qualifier de mauvaise expérience peut ne pas être forcément une mauvaise expérience pour Y.

En d'autres termes, la paroisse ou la mission que X aurait classée comme un enfer peut être un paradis pour Y et vice-versa. Et ce, parce qu'il n'existe pas un enfer, mais des enfers. L'enfer de X n'est pas forcément l'enfer de Y. En ce sens, l'enfer de X peut être le paradis de Y. D'où, le sens du titre de ce livre qui se libelle comme ''Le Paradis de l'Enfer''.

En fait, ce titre est donné pour insinuer que normalement, si l'on a reçu l'appel et répondu à une vocation authentique à la vie sacerdotale ministérielle et/ou consacrée, l'épanouissement à tous égards va de soi avec cet état de vie, mais y trouver de l'enfer pour aller jusqu'à refuser certaines affectations et/ou nominations sans motif de santé, cela porte à croire que dans ce paradis, d'aucuns vivent l'enfer. Face à notre raisonnement, d'aucuns diraient peut-être que dans ce cas, pourquoi ne pas titrer le livre ''L'Enfer du Paradis'' ?

Nous répondons à ceux-là que notre objectif en écrivant ce livre n'est pas de mettre à nu la souffrance des personnes consacrées dans la moisson du Seigneur, mais plutôt de montrer que si le ministre ordonné et/ou personne consacrée admet qu'il ou elle s'est engagé (ée) dans cet état de vie non pas par initiative volontaire préalable, mais par appel de Dieu ; lequel appel est d'ailleurs associé à une mission qui à son tour requiert de celui ou celle qui y répond librement et sans pression extérieure d'ailleurs, un esprit de sacrifice, de renoncement de soi, de disponibilité absolue ; alors, en aucun cas, il ne peut être dans cet état de vie d'une question de ''L'Enfer du Paradis'', mais plutôt celle du ''Paradis de l'Enfer''.

Car, pour toute vocation authentique et discernée avec sincérité et sérieux, la vie consacrée sous toutes ses dénominations possibles n'est qu'un paradis à tous égards. Dans ce paradis, d'aucuns y vivent l'enfer parce que ils ne veulent apprendre non seulement à se contenter de peu, mais aussi refusent de croire en l'action infaillible de la divine providence quel que soit ce que l'on est et là où l'on se retrouve. À ceux-là, Epicure dira : « Celui qui ne sait pas se contenter de peu ne sera jamais content de rien. »[141] De tout ce qui précède, nous ne devrons pas être appelés à la barre pour avoir soutenu que le pseudo-enfer dans la vie consacrée qui serait à la base du refus de certaines affectations et/ou nominations ne s'aurait avoir de prééminence sur le paradis que caractérise la vie consacrée en général. Mais, ceci ne sous-entend pas non plus que la vie consacrée est un refuge anti-difficulté qui serait à la disposition des paresseux de la société. Notons que certaines personnes consacrées ont deux à trois doctorats, voire même plus. De plus, soulignons au passage que la formation au grand séminaire du début jusqu'à la fin est minimum BAC+9. Pour nous les Missionnaires, c'est un BAC+10 de fois même plus avant d'être ordonné Prêtre. Ceci pour dire que, ne

---

[141] Epicure, Fragments

devient pas prêtre celui qui est paresseux dans le travail même si c'est un appel de Dieu.

Pour ce qui concerne la question du refus de certaines affectations et/nominations en raison de pseudo-enfers, retenons que tout dépend du degré de développement humain auquel l'on est arrivé. Car, les adolescents peuvent se plaindre de tout, mais ce n'est pas le cas pour les adultes. En effet, les adultes savent s'adapter à toutes les situations de la vie et ils savent également apprécier les choses à leur juste valeur. À vivre dans le comparatif sans fin, on finit par manquer d'être épanoui.

De plus, lorsque l'on devient adulte, l'on passe à un degré supérieur d'optimisme contrairement à l'adolescence où l'on est bien souvent sceptique et pessimiste. Or, dans l'optimisme de la vie, l'on parvient à comprendre que ce qui fait le bonheur dans la vie, ce n'est pas tant l'argent ou les biens matériels que l'on peut posséder, mais plutôt la paix du cœur. Car si la possession de l'argent et des biens matériels étaient plus importants que la paix du cœur, sans doute, l'Auteur de l'or et de l'argent qu'est notre Seigneur Jésus Christ n'accepterait pas de naître dans une mangeoire, mais plutôt dans un hôtel de 15 étoiles. Mais, le Verbe fait chair est venu au monde dans cette modestie pour nous montrer que non seulement, il est venu pour tous, mais aussi, que le plus important dans la vie, ce ne sont pas les richesses, mais l'appréciation de la vie à sa juste valeur ; laquelle donne en réalité la paix du cœur. Si nous poursuivons la quête de cette paix du cœur, il nous sera difficile de récuser des affections et/ou nominations sous prétexte de recherche d'un pseudo-paradis.

Par ailleurs, à classer certaines missions ou paroisses comme infernales, c'est non seulement manquer de comprendre que toutes les réalités pastorales ne peuvent pas être les mêmes, mais aussi c'est manquer de se rappeler que la sainte Église Catholique est universelle et en tant que telle, son universalité est aussi la somme de tous les lieux où se trouvent des fidèles catholiques et même là où il faut aller en chercher pour le Seigneur.

Par conséquent, tant qu'il y aura des fidèles chrétiens à un endroit quelconque, voire même tant qu'il y aura manque de fidèles chrétiens à un endroit quelconque, cette situation nécessitera de la part des autorités ecclésiales compétentes une réponse pastorale en personnel adéquat. À cet effet, aucune mission ou paroisse ne devra être qualifiée d'infernale. Car, à le faire, c'est une preuve palpable que l'on s'est engagé à la vie sacerdotale ministérielle et/ou consacrée non pas pour la mission de la sainte Église catholique, mais pour un intérêt personnel.

Classer donc certaines missions ou paroisses comme infernales et refuser par conséquent d'y aller servir, c'est montrer que l'on n'est pas venu pour servir, mais pour être servi ; et dans ce cas, il apparaît clairement que le ministre ordonné et/ou personne consacrée qui réagit de la sorte, recherche son intérêt personnel au mépris de la mission de la sainte Église catholique. Ici, il apparaît clairement que pour ceux-là qui se retrouvent dans cette manière de penser et de faire, la vie sacerdotale ministérielle et/ou consacrée n'est rien d'autre qu'un canal d'ascension sociale. D'où leur préoccupation acharnée de recherche d'un intérêt personnel au mépris de la mission de la sainte Église catholique.

4.4. Recherche d'intérêt personnel au mépris de la mission

Selon certaines mentalités qui méconnaissent d'ailleurs de quoi il est vraiment question dans la vie sacerdotale ministérielle et/ou consacrée, ce service est pour elles, réservé aux paresseux et paresseuses de la société, qui ne voulant pas fournir d'effort, aspirent par contre à une ascension sociale. Pour ces mentalités, donc, la vie sacerdotale ministérielle et/ou consacrée est un moyen d'ascension sociale pour ceux et celles qui l'embrassent.

À tort ou à raison, sans aucune prétention de juger qui que ce soit de part et d'autre, certaines attitudes de personnes consacrées et/ou ministres ordonnés frisent la recherche d'intérêt personnel au détriment de la mission du Christ pour laquelle ils ou elles prétendent avoir accepté de s'engager dans la vigne du Seigneur qui a une moisson abondante avec peu d'ouvriers.

De telles attitudes, ne trahissent-elles pas un non-lieu de vocation authentique à la vie sacerdotale ministérielle et/ou consacrée ? De telles attitudes ne trahissent-elles pas une insuffisance de discernement vocationnel ? Nous ne nous permettrons pas de répondre à ce questionnement au risque d'être pris pour des juges qui appellent à la barre. Toutefois, le bulletin suisse Cath-Info, connu sous le terme de Catholic-Church, portail catholique suisse conviendra avec nous que, lors de leur visite ad limina au Vatican, le 24 mars 2014, le pape François a rappelé aux trois évêques de la Guinée-Conakry ce qui suit : le souverain pontife a encouragé les prêtres à vivre en vérité les exigences du célibat ecclésiastique, ainsi que le juste rapport aux biens matériels, le refus de la mondanité et du carriérisme, rappelant que le sacerdoce n'était pas un moyen d'ascension sociale.[142]

De telles affirmations du Saint-Père connaîtraient-elles le jour ex-nihilo ? Absolument non ! Mais c'est justement fort des attitudes de refus d'affectation et/ou nomination, voire même de refus de mission, choix de missions ou de paroisses juteuses au mépris des autres où la vie semble être modeste, selon les critères de ceux qui s'adonnent à de telles pratiques, que sans doute le Saint-Père a pu tenir de tels propos. Car, face à de telles réactions, l'on est tenté de se poser la question de savoir si tout le monde dans la vie sacerdotale ministérielle et/ou consacrée s'engage véritablement à ce choix de vie sous la base d'une vocation authentique ou d'une recherche d'asile paradisiaque et personnel ? Si nous partons de cette base que toute vocation à la vie sacerdotale ministérielle et/ou consacrée est avant tout un appel de Dieu, alors il va sans dire que prétendre répondre à cet appel et rechercher son intérêt personnel au mépris de la mission de la sainte Église catholique, c'est être en contradiction avec soi-même.

---

[142] Pape François selon le Bulletin suisse, Cath-Info, Cath.Ch, portail catholique Suisse

La résolution ici à prendre est de nous occuper des affaires de Dieu en premier et Lui, nous donnera par la suite ce qu'Il a. D'ailleurs, le Christ lui-même ne dit-il pas en lien avec ce qui précède ce qui suit ?

« Que dire du serviteur fidèle et sensé à qui le maître a confié la charge des gens de sa maison, pour leur donner la nourriture en temps voulu ? Heureux ce serviteur que son maître, en arrivant, trouvera en train d'agir ainsi ! Amen, je vous le déclare : il l'établira sur tous ses biens ?»[143]

Cette promesse enchanteuse du Christ nous donne de comprendre qu'en réalité la vie sacerdotale ministérielle et/ou consacrée est un paradis de l'enfer.

---

[143] *La Sainte Bible Catholique, Mtt 24:45-47 selon AELF*

CHAPITRE III

LA VIE CONSACRÉE, UN PARADIS DE L'ENFER

À méditer sérieusement sur la vie consacrée en général, qu'elle soit sacerdotale ministérielle séculière, missionnaire ou religieuse, à tous égards, elle profite à celui ou celle qui répond à l'appel de Dieu. En effet, que ce soit au plan spirituel, moral, humain, intellectuel, psychologique tout comme financier et matériel, la personne humaine qui se consacre à Dieu et à son Église dans une quelconque de ces vocations mentionnées plus haut, selon leurs charismes respectifs d'ailleurs, vit d'une manière ou d'une autre un paradis de ce que d'autres qualifieraient d'infernal.

Ici, la réponse de Jésus à Simon Pierre, quant à savoir ce qui sera leur récompense pour avoir tout quitté pour le suivre, plaide en faveur de notre argumentation ci-dessus. En effet, selon l'Évangile de Jésus-Christ selon saint Marc en son chapitre 10 versets 28 à 30, il est clairement dit ce qui suit :

« Pierre se mit à dire à Jésus : ''Voici que nous avons tout quitté pour te suivre.'' Jésus déclara : ''Amen, je vous le dis : nul n'aura quitté, à cause de moi et de l'Évangile, une maison, des frères, des sœurs, une mère, un père, des enfants ou une terre sans qu'il reçoive, en ce temps déjà, le centuple : maisons, frères, sœurs, mères, enfants et terres, avec des persécutions, et, dans le monde à venir, la vie éternelle.'' »[144]

Alors, si le maître qui appelle à le suivre dans ce service de sa sainte Église a lui-même promis ce qui précède à ceux qu'il avait d'abord appelés pour aller en avant de lui dans tous les endroits où lui, Jésus, devait se rendre, combien plus ne comblera-t-il pas ceux et celles qui à la suite des Apôtres, ayant entendu cet appel, ont jugé bon d'y répondre pour le salut des âmes, pour leur propre sanctification et pour la gloire de Dieu ? N'est-ce pas pour soutenir nos dires que le Christ lui-même nous rassure en ces termes ? « Ne vous faites pas de souci pour demain : demain aura souci de lui-même ; à chaque jour suffit sa peine. »[145]

En fait, cette assurance que nous donne le Christ trouve sa source dans ces précédents versets du même chapitre de saint Matthieu que voici :

« Regardez les oiseaux du ciel : ils ne font ni semailles ni moisson, ils n'amassent pas dans des greniers, et votre Père céleste les nourrit. Vous-mêmes, ne valez-vous pas beaucoup plus qu'eux ? Qui d'entre vous, en se faisant du souci, peut ajouter une coudée à la longueur de sa vie ? Et au

---

[144] *Idem*, Mc 10 :28-30 selon AELF

[145] *Ibidem*, Mtt 6 :34 selon AELF

sujet des vêtements, pourquoi se faire tant de souci ? Observez comment poussent les lis des champs : ils ne travaillent pas, ils ne filent pas. Or je vous dis que Salomon lui-même, dans toute sa gloire, n'était pas habillé comme l'un d'entre eux. Si Dieu donne un tel vêtement à l'herbe des champs, qui est là aujourd'hui, et qui demain sera jetée au feu, ne fera-t-il pas bien davantage pour vous, hommes de peu de foi ? Ne vous faites donc pas tant de souci ; ne dites pas : "Qu'allons-nous manger ?" ou bien : "Qu'allons-nous boire ?" ou encore : "Avec quoi nous habiller ?" Tout cela, les païens le recherchent. Mais votre Père céleste sait que vous en avez besoin. Cherchez d'abord le royaume de Dieu et sa justice, et tout cela vous sera donné par surcroît. »[146]

La lettre aux Hébreux, en son chapitre 5 : 1 - 5, ne nous donnerait-elle pas raison, lorsque parlant de la noblesse du sacerdoce ministériel, elle souligne en ces termes :

« Tout grand prêtre, en effet, est pris parmi les hommes ; il est établi pour intervenir en faveur des hommes dans leurs relations avec Dieu ; il doit offrir des dons et des sacrifices pour les péchés. Il est capable de compréhension envers ceux qui commettent des fautes par ignorance ou par

---

146 *Ibidem*, Mtt 6 :26-33 selon AELF

égarement, car il est, lui aussi, rempli de faiblesse ; et, à cause de cette faiblesse, il doit offrir des sacrifices pour ses propres péchés comme pour ceux du peuple. On ne s'attribue pas cet honneur à soi-même, on est appelé par Dieu, comme Aaron. Il en est bien ainsi pour le Christ : il ne s'est pas donné à lui-même la gloire de devenir grand prêtre ; il l'a reçue de Dieu, qui lui a dit : Tu es mon Fils, moi, aujourd'hui, je t'ai engendré (…), »[147].

Si une mission ou nomination quelconque va être accueillie comme étant un enfer au lieu d'un paradis, pourquoi avons-nous accepté de répondre à cet appel alors ; puisque chacun de nous est libre de répondre ou de ne pas répondre étant donné que Dieu lui-même confesse son impuissance face à notre liberté ?

Si donc ce qui précède nous montre clairement que Dieu est à l'origine de toute vocation et que nul ne peut s'attribuer une vocation quelconque, il va sans dire que répondre à cet appel, qui est d'ailleurs un libre choix, et poser une résistance à certaines missions que l'Eglise par ses autorités ecclésiales compétentes juge compatibles à nos dons, aptitudes, compétences et charismes, sous prétexte que ce sont des enfers, c'est manquer de comprendre l'essence de la vocation à la vie

---

[147] *Ibidem*, He 5 :1-5 selon AELF

consacrée. On pourrait même pousser plus loin pour dire que répondre à cet appel et qualifier certaines missions ou paroisses d'infernales, c'est non seulement rater sa vocation, mais aussi, c'est faire passer soi-même avant l'essence même de la vocation à la vie consacrée qui est en fait don gratuit de Dieu pour l'intérêt de l'Eglise universelle.

Alors, étant donné qu'il n'est nulle part démontré que quiconque aurait répondu à l'appel de Dieu et aurait manqué du minimum pour vivre et être épanoui, il convient de retenir que dans le domaine de la vie consacrée, ce que d'aucuns pourraient considérer d'infernal est en réalité un paradis de l'enfer. Mais en fait, ce paradis de l'enfer ne peut être compris que si le consacré ou la consacrée se joint à saint Paul le grand missionnaire dans l'accueil de la vie. Lui qui disait dans le chapitre 4 versets 11-13 de sa lettre aux Philippiens :

« Ce ne sont pas les privations qui me font parler ainsi, car j'ai appris à me contenter de ce que j'ai. Je sais vivre de peu, je sais aussi être dans l'abondance. J'ai été formé à tout et pour tout : à être rassasié et à souffrir la faim, à être dans l'abondance et dans les privations. Je peux tout en celui qui me donne la force. »[148] Si de telles appréhensions sont faites et pratiquées par les ministres ordonnés et/ou personnes consacrées relativement à notre choix de vie et son corollaire qu'est la mission qui nous est assignée à tout moment du mouvement du personnel de la sainte Eglise catholique, nous parviendrons à un épanouissement total quel que soit le lieu où nous serons appelés à rendre service à la sainte Eglise, l'épouse du Christ.

Mais si nous manquons d'appréhender, conformément à ce qui précède ci-dessus, notre choix de vie et son corollaire qu'est la mission qui nous est assignée à tout moment du mouvement du personnel de la sainte Église Catholique, nous ne parviendrons jamais à la satisfaction, et à ce moment, Epicure, le philosophe grec nous dira : « Celui qui ne sait pas se contenter de peu ne sera jamais content de rien. »[149] Parce que celui ou celle qui sait se contenter de peu sait aussi que tout concourt au bien de ceux qui aiment Dieu.

---

[148] *Ibidem*, Ph4 :11-13 selon AELF

[149] Epicure, Fragments

5   Tout concourt au bien de ceux aiment Dieu

Ici, permettez-nous d'être un peu historien en suivant une démarche comparative. Mais en premier lieu, manifestons notre honnêteté intellectuelle en soulignant que la présente affirmation : « Tout concourt au bien de ceux qui aiment Dieu »[150] n'est pas de nous, mais de Saint Paul qui l'affirme en sa lettre aux Romains en son chapitre 8 versets 28.

Notre intérêt en faisant usage de ce verset de saint Paul dans notre quête de savoir est de rechercher la cause du refus de certaines missions ou certains services dans l'Église, ainsi que parfois le choix de mission et/ou de service que l'on veut rendre à l'Église constaté depuis un certain temps de la part de certains ministres ordonnés et/ou certaines personnes consacrées. Ceci nous pousse donc à nous pencher sur la question afin de proposer un certain nombre de solutions ou de remédier à ce fléau dans le domaine des ministres ordonnés et/ou personnes consacrées. Ainsi, dans notre aventure historique de comparaison, les images d'Abraham et de Joseph, fils de Jacob, vendu par ses propres frères, nous viennent à l'esprit.

---

[150] *La Sainte Bible Catholique Mtt 8:28 selon AELF*

En effet, à Abraham, Yahvé ordonna de « quitter son pays, ses parents et sa maison pour une terre inconnue qu'Il (Dieu) lui montrera »[151]; et de Joseph, fils de Jacob, il est écrit ce qui suit :

«Alors Juda dit à ses frères : « Quel profit aurions-nous à tuer notre frère et à dissimuler sa mort ? Vendons-le plutôt aux Ismaélites et ne portons pas la main sur lui, car il est notre frère, notre propre chair. » Ses frères l'écoutèrent. Des marchands madianites qui passaient par là retirèrent Joseph de la citerne, ils le vendirent pour vingt pièces d'argent aux Ismaélites, et ceux-ci l'emmenèrent en Égypte.»[152]

De part et d'autre, nous pouvons remarquer la prospérité et la postérité qui seront leur partage à tous deux. Comme pour dire que non seulement : «(…) les voies du Seigneur sont impénétrables (…), »[153] mais aussi que tout concourt au bien de ceux et celles qui comptent sur Dieu en s'abandonnant totalement à sa volonté d'une part et d'autre part, en faisant usage des dons qu'Il déverse sur nous pour le salut des âmes et pour notre propre sanctification et bonheur. Abram

---

[151] *Ibidem*, Gn 12 :1 selon AELF

[152] *Ibidem*, Gn 37 : 26-28 AELF

[153] *Ibidem, Rm 11 :33 selon AELF*

aurait refusé de partir, il ne rencontrerait certainement pas un tel bonheur qui a fait de lui par la suite ce qu'il pouvait peut-être au préalable penser pour lui-même comme une attitude méchante de la part de Yahvé à son égard.

De même, Joseph pouvait bien se plaindre d'avoir été vendu par ses propres frères, mais la suite de son histoire, qui a valu le salut de ses mêmes frères qui l'avaient vendu, devrait nous faire comprendre que non seulement tout concourt au bien de ceux qui aiment Dieu, mais aussi que les voies du Seigneur sont insondables. N'est-ce pas en ce sens que le psalmiste dira : « Jamais, de ma jeunesse à mes vieux jours, je n'ai vu le juste abandonné ni ses enfants mendier leur pain. »[154]

6. Le ministre ordonné et/ou personne consacrée n'est jamais abandonné par Dieu

Ici, il est question de chercher à savoir si ce n'est pas l'instinct de survie qui active la crainte d'un probable manque, qui en réalité anime des ministres ordonnés et/ou des personnes consacrées à soit refuser une mission quelconque et/ou soit à faire le choix d'une quelconque autre mission qui

---

[154] *Ibidem, Ps 36 :25 selon AELF*

serait considérée pour eux (elles) comme juteuse ou paradisiaque.

Mais si telle est la raison des refus de certaines missions ou certains services dans l'Eglise, enregistrés çà et là, alors il est à souligner que les personnes consacrées qui s'adonnent à ces refus et/ou font choix de missions et/ou services pouvant rencontrer leur satisfaction ont manqué d'une manière ou d'une autre de comprendre et d'accepter la réalité selon laquelle Dieu n'abandonne jamais la personne qui a dit ''OUI'' à son appel. À ce sujet, le Christ ne dira pas le contraire ; puisqu'il le confirme en ces termes : « (…) ''Quand je vous ai envoyés sans bourse, ni sac, ni sandales, avez-vous donc manqué de quelque chose ?'' Ils lui répondirent : ''Non, de rien...'' »[155] Le Seigneur se souvient toujours de son serviteur quel que soit le trou dans lequel celui-ci se retrouve. N'est-ce pas lui-même qui a dit : « (…) Car l'ouvrier mérite son salaire. (…) ?»[156] Pourquoi donc douter de sa divine providence alors qu'il est la source de tout bien et de toute satisfaction ?

En fait la crainte d'un probable manque et le manque d'ouverture à la divine providence ne seraient-ils pas implicitement un manque de

---

[155] *Ibidem, Lc 22, 35-36 selon AELF*

[156] *Ibidem, Lc 10, 7 selon AELF*

confiance en la providence divine ? Dieu, serait-il ingrat pour ne pas répondre aux besoins de l'âme et du corps de celui ou celle que lui-même, Dieu a appelé pour le servir dans sa sainte Église à travers le service de ses frères et sœurs qui constituent ensemble le peuple de Dieu ?

Si ce sont ces préoccupations qui poussent d'aucuns ministres ordonnés et/ou d'aucunes personnes consacrées à refuser certaines missions ou certains services de la part de l'Église au bénéfice du peuple de Dieu, alors l'expérience du prophète Elie sur le mont Horeb doit les rassurer : Dieu n'abandonne jamais celui ou celle qui lui dit ''OUI'' et s'engage à le servir. En effet, en ce lieu sans espoir aucun, de trouver quoi que ce soit à satisfaire les besoins naturels primordiaux de la personne humaine que sont : la faim, la soif et le repos ; la Sainte Bible nous raconte clairement que le prophète de Yahvé a été nourri et a eu sa soif étanchée. À cet effet, le premier livre des Rois l'exprime si bien en ces termes :

« Le roi Achab avait rapporté à Jézabel comment le prophète Élie avait réagi et comment il avait fait égorger tous les prophètes de Baal. Alors Jézabel envoya un messager dire à Élie : « Que les dieux amènent le malheur sur moi, et pire encore, si demain, à cette heure même, je ne t'inflige pas le même sort que tu as infligé à ces prophètes. »

Devant cette menace, Élie se hâta de partir pour sauver sa vie. Arrivé à Bershéba, au royaume de Juda, il y laissa son serviteur. Quant à lui, il marcha toute une journée dans le désert. Il vint s'asseoir à l'ombre d'un buisson, et demanda la mort en disant : « Maintenant, Seigneur, c'en est trop ! Reprends ma vie : je ne vaux pas mieux que mes pères. » Puis il s'étendit sous le buisson, et s'endormit. Mais voici qu'un ange le toucha et lui dit : « Lève-toi, et mange ! » Il regarda, et il y avait près de sa tête une galette cuite sur des pierres brûlantes et une cruche d'eau. Il mangea, il but, et se rendormit. Une seconde fois, l'ange du Seigneur le toucha et lui dit : « Lève-toi, et mange, car il est long, le chemin qui te reste. »[157]

Allant dans ce même sens et comme pour témoigner de cette providence divine envers le messager du Seigneur, le Christ va jusqu'à envoyer ses disciples en mission avec la recommandation de ne rien apporter avec eux parce que la divine providence se chargera de leurs besoins vitaux. Ainsi, saint Luc, l'évangéliste en son chapitre 10 : 3 - 7 rapporte cela en ces termes :

« Allez ! Voici que je vous envoie comme des agneaux au milieu des loups. Ne portez ni bourse, ni sac, ni sandales, et ne saluez personne en

---

[157] *Ibidem, 1R19 :1-7 Selon AELF*

chemin. Mais dans toute maison où vous entrerez, dites d'abord : "Paix à cette maison." S'il y a là un ami de la paix, votre paix ira reposer sur lui ; sinon, elle reviendra sur vous. Restez dans cette maison, mangeant et buvant ce que l'on vous sert ; car l'ouvrier mérite son salaire. Ne passez pas de maison en maison. »[158]

Jésus poursuit même son exposé sur la grandeur et la générosité de la divine providence qui ne se limite pas seulement au genre humain, mais s'étend à toute la création en affirmant ce qui suit : « Regardez les oiseaux du ciel : ils ne font ni semailles ni moisson, ils n'amassent pas dans des greniers, et votre Père céleste les nourrit. Vous-mêmes, ne valez-vous pas beaucoup plus qu'eux ? »[159] Alors, qu'est-ce qui nous pousse à douter de l'agissement de cette divine providence en notre faveur à tous égards et en toute circonstance si bien que pour la crainte de l'inconnu, nous allons jusqu'à refuser certaines missions que la sainte Église nous assigne ? Ne pas compter sur la divine providence dans notre vie de ministres ordonnés et/ou personnes consacrées, c'est douter des promesses du Christ faites à ses disciples qu'il avait envoyé prêcher l'Évangile en

---

[158] Ibidem, Lc 10 :3-7 selon AELF

[159] Ibidem, Mtt 6 :26 selon AELF

avant de lui selon les évangélistes du Nouveau Testament.

Si avec tout ce qui précède, il ressort que le ministre ordonné et/ou personne consacrée, en un mot le messager de Dieu, n'a jamais été et ne peut jamais être abandonné par celui qui est la source et l'origine de tout bien, alors interrogeons-nous de savoir si le refus de mission ou de service de l'Église par certaines personnes consacrées ne se situerait pas au niveau de la question du bonheur ? Mais si tel est le cas, il va falloir se rappeler que le bonheur est d'abord subjectif. C'est-à-dire que ce qui peut faire le bonheur d'une personne X ne fait pas forcément le bonheur d'une personne Y. En plus de cela, le bonheur, il est toujours fuyant fort du caractère insatiable de la personne humaine.

En effet, à obtenir ou jouir d'un quelconque bonheur, un autre désir naît et lorsqu'il est atteint, un autre naît sans cesse. C'est d'ailleurs en ce sens que le bonheur et le désir mis ensemble ressemblent à l'oiseau mythique appelé le phœnix qui, au soir de sa vie, meurt en se consumant et renaît de sa cendre. Par conséquent, l'on ne peut pas se baser sur le prétexte du bonheur pour accepter ou refuser une quelconque mission ou service que lui demanderait la sainte Église catholique.

Car, la question du « bonheur » de l'appelé semble aussi ne peser que d'un faible poids dans la balance, puisque le Christ l'avait résolu à l'avance. En effet, à la question de Simon Pierre de savoir quel sera leur sort pour avoir répondu à l'appel du Christ, celui-ci lui avait donné une réponse satisfaisante que saint Matthieu dans son évangile relate en ces termes :

« Alors Pierre prit la parole et dit à Jésus : « Voici que nous avons tout quitté pour te suivre : quelle sera donc notre part ? » Jésus leur déclara : « Amen, je vous le dis : lors du renouvellement du monde, lorsque le Fils de l'homme siégera sur son trône de gloire, vous qui m'avez suivi, vous siégerez vous aussi sur douze trônes pour juger les douze tribus d'Israël.

Et celui qui aura quitté, à cause de mon nom, des maisons, des frères, des sœurs, un père, une mère, des enfants, ou une terre, recevra le centuple, et il aura en héritage la vie éternelle. »[160]

L'on pourrait se permettre de dire que dans la vie consacrée, ce n'est pas d'abord d'une question de bonheur dont il s'agit, mais il s'agit plutôt de la réalisation du plan de Dieu, de l'établissement du règne de Dieu sur la terre, de la marche vers le

---

[160] *Ibidem, Mtt 19:27-29 selon AELF*

Royaume de Dieu. Le Christ, ne dit-il pas à cet effet : « Cherchez d'abord le Royaume de Dieu et sa justice, et tout cela vous sera donné par surcroît. Ne vous faites pas de souci pour demain : demain aura souci de lui-même ; à chaque jour suffit sa peine. »[161]

Eu égard à la grandeur surhumaine de ce but, l'homme doit être prêt au sacrifice, savoir renoncer à lui-même. Retenons de ce fait que, si répondre à l'appel de Dieu ne fait pas toujours le bonheur de l'homme, cela prouve tout simplement la pesanteur de ce monde qui s'oppose à Dieu. Cette pesanteur, ces péchés, sont dans le monde autour de l'appelé, ils sont dans l'appelé lui-même. Disons à juste titre que la joie parfaite de servir Dieu, de lui obéir ne sera vraiment entière que dans le Royaume. Le ciel et la terre seront alors remplis de cette joie-là. Mais jusque-là, c'est contre beaucoup d'oppositions que doit s'effectuer le travail de l'appelé, la réalisation de sa vocation. Que rien ne nous effraie donc à nous engager entièrement à servir Dieu par l'Église ; et ce, à travers le service de nos frères et sœurs. Car en procédant ainsi, nous parviendrons à comprendre que, et l'enfer et le paradis, tous deux ne sont que subjectifs.

____

[161] *Ibidem, Mtt 6:33 selon AELF*

7. Subjectivité de l'enfer et du paradis

En dehors de la notion de l'enfer qu'a la Religion, le commun des mortels fait souvent usage de ce terme et le considère comme faisant partie intégrante de son vécu quotidien. Ainsi, tout ce qui a trait à la souffrance s'avère être pour lui une sorte d'enfer. D'où le chant de l'enfer a tout bout de champs dans le vécu quotidien de la personne humaine devient monnaie courante. Dès lors, il s'avère impératif de se demander: qu'est-ce que l'enfer en réalité ? Tous les enfers dans l'entendement du terme de la part du commun des mortels se valent-ils ? Autrement dit, existerait-il un consensus au niveau profane et social sur le concept de l'enfer à l'instar de la connotation que celui-ci tient dans le domaine religieux ou du moins de la religion ? À sonder les différentes questions précédentes dans une tentative de réponse, il apparaît clairement que bien qu'il existe certains critères entrant dans les normes consensuelles qualifiant sinon caractérisant l'enfer, il n'existe pas un enfer ou d'enfer en dehors de la connotation religieuse que tient ce vocabulaire lorsqu'il est employé par le commun des mortels dans leur milieu propre à eux. En fait, il existe plutôt des enfers.

De là, l'enfer ici se montre comme étant parent de la vérité, puisque la vérité est quelques fois subjective. En effet, bien qu'il existe des normes consensuelles et conventionnelles pouvant qualifier la vérité ou déterminer la vérité, ce qui est vrai, la vérité se montre très souvent comme un carrefour a mille chemins. D'où il n'existe pas qu'une vérité, mais la vérité ou des vérités. C'est d'ailleurs en ce sens que la vérité est comparable à l'horizon perçu dans l'admiration de l'océan. En effet, de loin, l'impression que l'on a dans cette contemplation est qu'il semble que la voûte et la mer se touchent l'une l'autre, mais au fur et à mesure que l'on s'en approche, ce point de mire s'éloigne davantage.

Ceci pour dire que la vérité est toujours fuyante ; elle est irrattrapable, d'où, elle se présente comme ce carrefour a mille chemins. Et c'est en ce sens que l'enfer également se montre comme similaire à celle-ci. Car en dehors de l'enfer qu'enseigne la religion, il n'existe pas d'enfer humainement parlant, mais plutôt des enfers.

De là, il apparaît clairement que le concept de l'enfer au plan humain ne peut être évoqué que de façon individuelle et donc subjective. C'est donc dans l'œil d'un quelconque individu que peut être lu l'enfer. Il s'ensuit que ce qui est ou peut être qualifié ou jugé comme un enfer pour l'un, peut ne pas être forcément le cas pour l'autre. Autrement dit, l'enfer d'un quelconque individu peut être qualifié ou jugé comme un paradis chez un autre et vice-versa.

Ainsi, pourrait-on pousser notre réflexion encore plus loin en soulignant que le paradis devient un enfer pour l'un, tout comme l'enfer peut être vu comme un paradis pour l'autre. Et à cette phase de notre réflexion, il va sans dire que l'enfer en lui-même en dehors de son sens religieux, il n'existe pas humainement parlant.

En réalité, il n'existe que des questions de goût qui sont d'ailleurs indiscutables, et partant, des questions de désirs souvent insatisfaits. Dès lors, une question émerge de façon explicite et inévitable : en effet, le désir de l'homme peut-il être satisfait une fois pour toutes ou alors de façon définitive ? La réponse à cette question s'avère être la négation ; puisque le désir de l'homme est comparable à l'oiseau mythique appelé le Phoenix, qui vit et au soir de sa vie se consume dans un feu et renaît de sa cendre. C'est donc de cette manière que fonctionne le désir de l'homme.

En effet, une fois satisfait, ce même désir engendre un autre désir encore plus brûlant ou féroce que le précédent et ainsi de suite à n'en point finir jusqu'au soir de la vie de l'homme.

Le problème de l'enfer au plan humain et dans son appréhension dans l'ici et maintenant de l'homme s'inscrit donc dans cette lignée du caractère indiscutable du goût et aussi dans le domaine de l'insatiabilité du désir de l'homme. D'où, ce que l'un perçoit comme son enfer ici-bas est contrairement perçu par un autre comme son paradis dans le même vécu d'ici-bas. Dans cette même perspective, faire la mission en brousse ou du moins en pastorale rurale peut être considérée par l'un comme un enfer tandis que c'est le paradis pour l'autre qui fait la mission en ville.

Et même ce ministre ordonné qui se retrouve dans un village ou du moins sur une paroisse rurale se plaignant de tout, est perçu par la population rurale avec qui celui-ci vit, comme le bourgeois de la cité, c'est-à-dire dudit village, parce qu'il a au moins le minimum pour vivre que peut-être même d'autres personnes du lieu n'ont pas. Dès lors, son enfer s'avère être le paradis envié par l'autre. Il va sans dire que si l'on ne se contente pas de ce qu'il a sous la main en rendant grâce à Dieu pour le peu qu'il pense avoir, il finira par endommager son organisme et partant toute son existence par des maladies résultant de son insatisfaction et de sa frustration.

Si nous affirmons avec le dictionnaire Larousse que le paradis est le : « Lieu où quelqu'un est dans une situation privilégiée en ce qui concerne ses goûts ou l'activité choisie, »[162] il va sans dire qu'il n'existe pas un paradis, mais des paradis. Si donc tel est le cas, c'est que ce qui peut être considéré comme paradisiaque pour l'un, n'est pas forcément paradisiaque pour l'autre, tout comme ce qui peut être considéré comme infernal pour l'un, n'est pas forcément infernal pour l'autre. Et c'est ici qu'intervient la question du goût et des couleurs qui ne se discute pas. Parce que chaque personne a sa perception ou appréciation des choses ; laquelle appréciation diffère d'un individu à un autre. Toutefois, les affectations et nominations doivent être faites en considération des charismes, aptitudes, dons et compétences respectifs des agents pastoraux sans faire un simple remplissage de trous et bien entendu en y dissociant toute émotion.

---

[162] *https://www.Larousse.fr, dictionnaire de français*

CHAPITRE IV

AFFECTATIONS ET NOMINATIONS

SELON

LE CHARISMES, DONS, APTITUDES

ET COMPÉTENCES DES AGENTS PASTORAUX

8 Faire des affectations et nominations et non pas un remplissage de trous

Dans le processus des affectations et/ou nominations, le bien commun de la sainte Église catholique doit être visé à tous égards. Or, que disent les normes du code du droit canonique de 1983 au sujet du bien commun de l'Église ? Elles stipulent en ces termes : « Le bien commun de l'Église, c'est le salut des âmes »[163] Si donc nous partons du principe selon lequel le salut que prêche l'Église c'est : « Le salut de l'homme et de tout l'homme, » il s'ensuit que dans le processus des affectations et/ou nominations, l'épanouissement spirituel et humain de l'envoyé (ée) et de ceux vers qui il ou elle est envoyé (ée) doivent être envisagés et satisfaits. De là, il apparaît clairement que les affectations et/ou nominations dans l'Église ne doivent pas être un remplissage de trous, mais un travail minutieusement préparé en référence aux charismes, aptitudes, dons et compétences des agents pastoraux ; et ce, pour répondre au bien commun de la sainte Église selon le code du droit canonique de 1983.

---

[163]*Code du Droit Canonique de 1983*

Notons bien que nous ne faisons pas cas ici d'une incompétence quelconque de la part de nos autorités ecclésiales compétentes en matière d'affectation et/ou de nomination des agents pastoraux. Mais, nous soulignons ici le fait qu'il y aura un plus à gagner si les charismes, aptitudes, dons et compétences respectifs des agents pastoraux sont pris en considération dans le processus des affectations et/ou nominations. Il est à noter que malgré le bon travail accompli par nos autorités ecclésiales, entre autre nos Évêques et Supérieurs Majeurs/ Supérieures Majeures, des efforts restent encore à fournir en ce domaine.

Si ce problème trouve une solution adéquate, la sainte Église catholique, notre Mère, n'assistera plus ni aux incidents de refus d'affectation et/ou nomination par des ministres ordonnés et/ou personnes consacrées, ni aux situations dans lesquelles certains des ministres ordonnés et/ou personnes consacrées cherchent à choisir des paroisses où ils préfèrent servir dans l'objectif de jouir de leur pseudo paradis au mépris de leur pseudo-enfer.

D'aucuns seraient tentés de nous dire que l'Église n'est pas une entreprise pour que les choses soient organisées à l'instar des entreprises où l'on trouve des experts en ressources humaines qui se chargent de l'organisation des postes à pourvoir en tenant compte des compétences des employés. Mais, nous tenons à nous opposer à cette manière de penser en soulignant que même si l'Église n'est pas une entreprise, elle existe dans une société, impliquant le genre humain et elle doit par conséquent évoluer à la vitesse de la société dans laquelle elle se déploie. Ceci pour dire que la vision classique des affectations et/ou nominations au sein de l'Église à travers ses diocèses, instituts, institutions et congrégations selon laquelle tant qu'il y a un quelconque besoin dans un quelconque endroit, il faut juste remplir le trou sans toutefois se soucier de la possibilité pour l'agent pastoral qui est sur le point d'être envoyé de relever le défi pastoral du milieu en question ou bien il ira même faire régresser ce qui était déjà entamé de bon en ce lieu.

Bien que Dieu rende capable les incapables qu'il appelle, et aussi que tout le monde peut s'adapter à n'importe quel milieu ou n'importe quelle situation, il nous faut quand même avoir les pieds sur terre en prenant conscience que, par exemple, pour un agent pastoral qui a un doctorat en quelque domaine que soit, mais qui ne sait pas rendre la connaissance, ne peut être envoyé dans un grand séminaire pour enseigner ; tout comme celui qui est diplômé mais n'a pas le charisme de formateur ne peut et ne doit pas être nommé dans un grand séminaire comme formateur, puisque toute personne humaine n'est efficacement productive que dans le domaine qu'elle maîtrise.

D'où, la nécessité de non seulement faire un bon discernement des capacités, aptitudes, charismes et dons personnels des individus qui répondent à l'appel du Maître de la moisson, mais aussi de former des agents pastoraux dans le domaine de la gestion des ressources humaines de manière à pouvoir utiliser cet instrument selon la vision de la sainte Église et au bénéfice de cette même Église. D'ailleurs, cet usage ou cet instrument qu'est la gestion des ressources humaines est déjà enclenché par des Experts dans des Églises locales de certains pays et cela apporte du bien à la Sainte Église Catholique dans son ensemble dans ces lieux.

L'heure est venue donc de ne pas se contenter d'aller dire les messes seulement ; il y a besoin que les agents pastoraux soient formés dans tous les domaines possibles en dehors de l'ordinaire qu'est la formation théologique, missiologique, biblique, liturgique etc. Les champs comme l'architecture, la médecine, le droit civil et public, le développement, l'agronomie, le management, la science des ressources humaines, la pédagogie, la psychologie, la psychanalyse, la gestion du système éducatif, l'éducation spécialisée, le domaine de la santé, la comptabilité, etc sont des domaines à nous y investir, car si le salut que nous prêchons est pour l' homme et pour tout l'homme, cela voudrait dire que dans ces domaines également, nous pourrons rencontrer l' homme pour répondre désormais à son salut intégral et non celui que nous pensons être bon pour lui. C'est le cas par exemple de l'archidiocèse de Lyon en France où les diacres permanents qui y servent sont issus de tous les domaines sociaux professionnels pour qu'ils soient aussi les ambassadeurs de la sainte Église et de la Bonne Nouvelle du Christ dans leur milieu de travail respectif. À ce sujet, nous saluons déjà l'initiative de certains diocèses comme Abidjan, Yopougon, Grand-Bassam, Lyon en France, la Province SMA de Côte d'Ivoire où des agents pastoraux sont formés dans les domaines de la médecine, de l'architecture, du droit civil, de l'éducation spécialisée, de la santé publique, etc.

Mais malgré ces bons exemples cités et ceux que nous ignorons, il est quand même crucial de s'interroger : combien de diocèses, d'instituts religieux et de sociétés de vie apostolique disposent d'agents pastoraux formés en ressources humaines pouvant mettre leurs connaissances ou compétences au service de l'Église pour le bien-être de tous ? Ce manque de personnel RH dans certains de nos diocèses et institutions fait que les affectations et/ou nominations sont parfois faites comme un remplissage de trous.

Tenez-vous bien ! Loin de nous l'intention de juger négativement le travail colossal que font nos pères évêques et supérieurs légitimes. Toutefois, à certains moments, les affectations et/ou nominations portent à croire que c'est parce qu'il y avait un manque de personnel dans une telle mission ou paroisse ou communauté quelconque qu'il a fallu juste envoyer quelqu'un là-bas pour combler le manque. Pauvre de nous ! La personne sera-t-elle capable de paître le troupeau qui lui sera confié à cet endroit précis ? Voici la question cruciale. Mais cela semble très souvent la dernière de nos préoccupations. Nous tenons ces propos parce qu'il y a déjà eu des paroisses qui ne s'étaient pas senties confortables avec certains agents pastoraux à leur service ; tout comme il y a déjà eu des agents pastoraux qui ne s'étaient pas sentis confortables dans leurs lieux de mission.

Essayons de regarder un peu dans l'Ancien Testament comment Yahvé suscitait ou appelait les prophètes. C'était à des endroits précis et pour des missions distinctes et déterminées. À cet effet, soulignons par exemple que le prophète Amos n'avait pas été envoyé où le prophète Jérémie avait été envoyé et vice-versa.

Certes tout ministre ordonné et/ou personne consacrée peut exercer son ministère ou apostolat en tout lieu, mais est-ce avec efficacité que tous peuvent réussir la mission ou service à eux assigné ? C'est là la grande question ! Parce que celui qui n'a pas, par exemple, le charisme de formateur, ne peut pas être et ne doit pas être envoyé au grand séminaire comme formateur sous prétexte qu'il y a un manque de personnel au grand séminaire. Tout comme jeter celui qui a la capacité de rendre la connaissance comme enseignant dans un coin très reculé quelque part où lui-même est incompris par ses fidèles est contradictoire. Parce que ce dernier pouvait être bien utile ailleurs. Ici, Saint-Paul dans sa première lettre aux Corinthiens en son chapitre 12 versets 4 à 11 ne dira pas le contraire lorsqu'il affirme :

«Les dons de la grâce sont variés, mais c'est le même Esprit. Les services sont variés, mais c'est le même Seigneur. Les activités sont variées, mais c'est le même Dieu qui agit en tout et en tous. À chacun est donnée la manifestation de l'Esprit en vue du bien. À celui-ci est donnée, par l'Esprit, une parole de sagesse ; à un autre, une parole de connaissance, selon le même Esprit ; un autre reçoit, dans le même Esprit, un don de foi ; un autre encore, dans l'unique Esprit, des dons de guérison ; à un autre est donné d'opérer des miracles, à un autre de prophétiser, à un autre de discerner les inspirations ; à l'un, de parler diverses langues mystérieuses ; à l'autre, de les interpréter. Mais celui qui agit en tout cela, c'est l'unique et même Esprit : il distribue ses dons, comme il le veut, à chacun en particulier. »[164]

Il est vrai qu'au grand séminaire, tous reçoivent la même formation à l'exception des missionnaires et religieux qui parfois ont des additifs à la formation commune, mais le fait que chaque séminariste excelle plus dans un domaine quelconque plus que dans un autre domaine, et ce, dû aux différents charismes, dons, aptitudes et compétences que Dieu, qui est à l'origine de toute vocation, donne à chaque appelé ne doit pas nous échapper quant au moment des affectations et/ou nominations.

C'est comme à l'école, l'on ne doit pas forcer ou demander à un élève quelconque d'être orienté en série scientifique sous prétexte qu'il est dans le même lycée avec tous les autres élèves alors que sincèrement parlant, ce dernier est littéraire et il ne peut bien réussir que s'il est orienté en série littéraire. N'est-ce pas pour voler au secours de notre analogie que l'apôtre Paul dira « qu'il y a diversité de dons, mais le même Esprit ; diversité de ministères, mais le même Seigneur ; diversité d'opérations, mais le même Dieu qui opère tout en

---

[164] La Bible de Jérusalem selon AELF, 1Cor12,4-11

tous. Or, à chacun, la manifestation de l'Esprit est donnée pour l'utilité commune. »[165]

Ou encore en d'autres versions :

« Les dons de la grâce sont variés, mais c'est le même Esprit. Les services sont variés, mais c'est le même Seigneur. Les activités sont variées, mais c'est le même Dieu qui agit en tout et en tous. À chacun est donnée la manifestation de l'Esprit en vue du bien. À celui-ci est donnée, par l'Esprit, une parole de sagesse ; à un autre, une parole de connaissance, selon le même Esprit ; un autre reçoit, dans le même Esprit, un don de foi ; un autre encore, dans l'unique Esprit, des dons de guérison ; à un autre est donné d'opérer des miracles, à un autre de prophétiser, à un autre de discerner les inspirations ; à l'un, de parler diverses langues mystérieuses ; à l'autre, de les interpréter. Mais celui qui agit en tout cela, c'est l'unique et même Esprit : il distribue ses dons, comme il le veut, à chacun en particulier. »[166]

Nous pensons qu'en procédant aux affectations et/ou nominations en référence à l'instruction ci-dessus de saint Paul, nous parviendrons à des affectations et/ou nominations qui s'éloignent de

---

[165] *La Sainte Bible 1Corinthiens 12:4-11 selon AELF*

[166] *Ibidem*

l'esprit de remplissage de trou et cela nous conduira également à les dissocier de nos émotions personnelles en vue de pallier le problème de refus d'affectation et/ou nominations ainsi que celui de choix de paroisse ou mission dans la fuite d'un pseudo-enfer et la quête d'un pseudo paradis.

Et nous pensons que si tout cela est fait en bonne et due forme, non seulement chaque personne se sentira à sa place, épanouie et plus productive, lequel renouveau conduira à un bon rendement pastoral à tous égards. Car, quel que soit le domaine de l'engagement pastoral du ministre ordonné, ce sont des âmes qui sont nourries. En un mot, quel que soit le domaine d'engagement pastoral du ministre ordonné, le salut des âmes est visé et atteint. D'où la nécessité d'être tous préoccupés par ce salut des âmes afin d'éviter non seulement de faire du remplissage de trou quant aux affectations et/ou nominations, mais aussi de les dissocier de nos émotions personnelles.

Avant toute affectation et/ou nomination, la question fondamentale doit être la suivante : ces âmes, vers qui un tel va être envoyé, trouveront-elles leur part de froment au temps voulu ? Seront-elles nourries jusqu'à l'ivresse pour que le salut fasse écho en elles ? Quel est l'intérêt de la sainte Église en envoyant un tel agent pastoral dans un tel domaine ? Mes émotions personnelles, en tant qu'autorité ecclésiale compétente de cette petite partie de l'Église à gouverner, priment-elles sur l'intérêt commun de la sainte Église catholique ? Dois-je me venger contre un tel, relativement à son affectation et/ou nomination, au mépris de l'intérêt commun de la sainte Église catholique ? Voici quelques questionnements qui doivent animer toute autorité ecclésiale compétente quelconque au moment des affectations et/ou nominations. Et cela permettra de dissocier les affectations et/ou nominations de nos émotions personnelles.

10. Affectations et nominations dissociées des émotions personnelles de toute autorité ecclésiale quelconque

Bien que nous soyons souvent surpris de la réaction de certains agents pastoraux, quant au refus catégorique du service demandé de leur part, relativement à leurs affectations et/ou nominations, dans le même temps ne serions-nous pas injustes quelque part de manquer de leur accorder du crédit dans l'analyse profonde de la réalité, puisque certaines affectations et/ou nominations sont faites émotionnellement ?

En effet, il n'est pas rare de voir certains agents pastoraux projetés d'un lieu de mission à un autre, sous l'effet de la colère de l'autorité ecclésiale compétente dont ils dépendent, sans même le moindre souci du bien commun de l'Eglise, du peuple de Dieu vers qui celui-ci est envoyé, s'il lui sera efficace et profitable au plan du salut de l'homme et de tout l'homme ou pas. Ce qui compte ici, c'est d'assouvir ses émotions colériques parce qu'offensées d'une manière ou d'une autre par un tel ou tel autre agent pastoral. Simon Pierre avait trahi Jésus en le reniant trois fois de suite, mais c'est après tout cela que Jésus lui avait confié la charge de son Église selon Jn 21 :15 - 17 :

Quand ils eurent mangé, Jésus dit à Simon-Pierre : « Simon, fils de Jean, m'aimes-tu vraiment, plus que ceux-ci ? » Il lui répond : « Oui, Seigneur ! Toi, tu le sais : je t'aime. » Jésus lui dit : « Sois le berger de mes agneaux. » Il lui dit une deuxième fois : « Simon, fils de Jean, m'aimes-tu vraiment ? » Il lui répond : « Oui, Seigneur ! Toi, tu le sais : je t'aime. » Jésus lui dit : « Sois le pasteur de mes brebis. » Il lui dit, pour la troisième fois : « Simon, fils de Jean, m'aimes-tu ? » Pierre fut peiné parce que, la troisième fois, Jésus lui demandait : « M'aimes-tu ? » Il lui répond : « Seigneur, toi, tu sais tout : tu sais bien que je t'aime. » Jésus lui dit : « Sois le berger de mes brebis. »[167]

____

[167] *La Sainte Bible Catholique, Jn21:15-17 selon AELF*

La question ici, est donc de savoir: servons-nous un Jésus miséricordieux ou un Jésus vengeur ? Jésus, le Bon Berger ne fait jamais de règlements de compte. Autrement Simon Pierre ne serait pas fait Vicaire du Christ. Car, juste après la résurrection du Christ qui avait été précédée par le trio reniement de Simon Pierre que le renié confia au renieur de lourdes responsabilités. Saint Jean le rapporte bien en ces termes :

« C'était la troisième fois que Jésus ressuscité d'entre les morts se manifestait à ses disciples. Quand ils eurent mangé, Jésus dit à Simon-Pierre : « Simon, fils de Jean, m'aimes-tu vraiment, plus que ceux-ci ? » Il lui répond : « Oui, Seigneur ! Toi, tu le sais : je t'aime. » Jésus lui dit : « Sois le berger de mes agneaux. » Il lui dit une deuxième fois : « Simon, fils de Jean, m'aimes-tu vraiment ? » Il lui répond : « Oui, Seigneur ! Toi, tu le sais : je t'aime. » Jésus lui dit : « Sois le pasteur de mes brebis. » Il lui dit, pour la troisième fois : « Simon, fils de Jean, m'aimes-tu ? » Pierre fut peiné parce que, la troisième fois, Jésus lui demandait : « M'aimes-tu ? » Il lui répond : « Seigneur, toi, tu sais tout : tu sais bien que je t'aime. » Jésus lui dit : « Sois le berger de mes brebis. »[168]

---

[168] *Idem, Jn21 :14-17selon AELF*

Il résulte de ce qui précède que, pour Jésus, ce qui compte, c'est que la volonté de son Père céleste s'accomplisse et non pas un règlement de compte quelconque qui doit prendre la prééminence sur l'accomplissement de la volonté du Père Céleste. Or, quelle est cette volonté du Père céleste ? Sinon que tous soient sauvés et parviennent à la connaissance de la vérité.

L'une des figures palpables de ce Jésus, Bon Berger et Miséricordieux est le Pape saint Jean-Paul II, de vénérée mémoire. Ce pasteur de l'Église du Christ avait échappé de justesse à la balle de son assassin, Paolo le 13 Mai 1981, mais Jean-Paul II s'était rendu dans sa cellule de prison pour non seulement lui accorder son pardon, mais aussi à travers ce pardon, permettre à Paolo par-là de passer d'assassin à un apôtre de la miséricorde. Les règlements de compte, les vengeances et abus d'autorité ou de pouvoir qui ne disent pas leurs noms dans le processus des affectations et/ou nominations ne sont-ils pas à la base des refus d'exécution dont font preuve certains agents pastoraux quant aux services qui leur sont demandés ?

Précisons ici que nos dires ne font pas de nous leur avocat, mais soulignent seulement que de part et d'autre, nous avons des défis à relever et surtout des efforts à fournir pour l'avènement de l'harmonie au sein de la vie consacrée en général pour la cause de la mission de la sainte Eglise catholique au bénéfice du salut de l'homme et de tout l'homme.

Il est donc temps que toute autorité ecclésiale sache dissocier ses émotions des affectations et/ou nominations. Car, à les confondre, on ne fait pas du mal à un individu quelconque, mais à la sainte Épouse du Christ, c'est-à-dire l'Église. Et pourquoi affirmons-nous ce qui précède ? Simplement parce que : « Le bien commun de l'Église c'est le salut des âmes. »[169] Alors, si une personne consacrée et/ou un ministre ordonné est affectée par son autorité ecclésiale compétente avec en arrière-plan un esprit de punition parce que cet individu a dû offenser l'amour-propre de la hiérarchie, où allons-nous ? Où allons-nous ? Parce qu'en procédant ainsi, on ne fait pas du mal à l'individu en question, mais à notre sainte-mère l'Église. Pourquoi on fait plutôt du mal à notre sainte-mère l'Église qu'à l'individu en question ? Simplement parce que cette manière de faire va contre le bien commun de l'Église qui n'est rien d'autre que le salut des âmes. Or, la personne consacrée et/ou le ministre ordonné qui est ici punit a lui aussi besoin de ce même salut tout comme les gens vers qui il ou elle va être

---

[169] Les normes du Code du Droit Canonique de 1983

envoyé (ée) pour le service de la sainte Église catholique.

Par conséquent, la colère ou le ressenti de son autorité ecclésiale compétente suite à des incompréhensions ne doit pas avoir de la prééminence sur le bien commun de la sainte Eglise catholique relativement aux affectations et/ou nomination.

Lorsque d'éventuels cas de froissement des émotions d'une quelconque autorité ecclésiale compétente adviennent, la meilleure solution est de s'asseoir pour en discuter afin d'aboutir à une réconciliation sincère. Ceci guérira non seulement les blessures de part et d'autre, mais aussi nous permettra d'être dignes de ce que le Seigneur a voulu de nous, c'est-à-dire des agents de réconciliation ; puisqu'Il communique sa miséricorde dans le sacrement de réconciliation à travers nous.

Il s'ensuit que, plutôt que d'être nourri d'un esprit d'oppression, de punition, de statu quo sur le qui-vive et de vengeance de part et d'autre, l'on parvient plutôt à un souci pastoral commun : le salut de l'homme et de tout l'homme. Dans cet ordre d'idée, comprenons que normalement toute personne ayant responsabilité d'une autorité ecclésiale devrait être un père et/ou une mère pour ses collaborateurs ou collaboratrices dans la vigne du Seigneur. Car, le père et/ou mère dans le contexte-ci, c'est cette personne qui sait comprendre que : « L'opposé de la violence n'est pas la non-violence mais bien la tendresse »[170]comme le dirait Jean Vanier dans son Livre intitulé Cri du pauvre, cri de Dieu. En fait, en tant qu'autorité ecclésiale, à vouloir répondre aux offenses reçues par la vengeance, la punition, les règlements de compte, le Christ ne nous interrogerait-il pas sur notre leadership ? Puisque c'est lui que nous représentons en tant que clercs et de surcroît en tant qu'autorité ecclésiale. Lui qui est le leader par excellence, le prophète Isaïe en son chapitre 42 versets 1 à 3 ne dit-il pas de lui ce qui suit ?

« Voici mon serviteur que je soutiens, mon élu qui a toute ma faveur. J'ai fait reposer sur lui mon esprit ; aux nations, il proclamera le droit. Il ne criera pas, il ne haussera pas le ton, il ne fera pas entendre sa voix au-dehors. Il ne brisera pas le roseau qui fléchit, il n'éteindra pas la mèche qui faiblit, il proclamera le droit en vérité. »[171]

Si nous essayons de comprendre ce qui précède dans la perspective de Saint-Pierre, le premier

---

[170] Jean Vanier, Cri du pauvre, cri de Dieu, Méditation sur l'Esprit Saint, Salvator, Paris 2016

[171] *La Sainte Bible* Is42, 1-3 selon AELF

vicaire du Christ, certains clercs et/ou personnes consacrées ne seraient-ils pas en porte-à-faux avec leur responsabilité d'autorité ecclésiale ; puisque Simon Pierre dit ce qui suit :

«Quant aux anciens en fonction parmi vous, je les exhorte, moi qui suis ancien comme eux et témoin des souffrances du Christ, communiant à la gloire qui va se révéler : ''soyez les pasteurs du troupeau de Dieu qui se trouve chez vous ; veillez sur lui, non par contrainte mais de plein gré, selon Dieu ; non par cupidité mais par dévouement ;non pas en commandant en maîtres à ceux qui vous sont confiés, mais en devenant les modèles du troupeau'' »[172] Les modèles du troupeau ici seraient-ils ceux-là qui punissent, qui font parfois des règlements de comptes au moment des affectations et/ou nominations, et ce, dans un esprit de vengeance ?

Certainement, le Maître de la moisson ne sera pas d'accord avec quiconque procède ainsi. Car, dans sa sollicitude du salut pour tous, même après avoir été renié trois fois de suite par Simon Pierre en Matthieu 26, 69-74, le même ressuscité n'a pas dédaigné Simon Pierre quand il leur donnait le mandat missionnaire au chapitre 28 versets 17 et

---

[172] *Idem* 1P1, 1-3 selon AELF

suivant du même évangile. En effet, parallèlement, ces deux textes disent ce qui suit :

« (…) Cependant Pierre était assis dehors dans la cour. Une jeune servante s'approcha de lui et lui dit : « Toi aussi, tu étais avec Jésus, le Galiléen ! » Mais il le nia devant tout le monde et dit : « Je ne sais pas de quoi tu parles. » Une autre servante le vit sortir en direction du portail et elle dit à ceux qui étaient là : « Celui-ci était avec Jésus, le Nazaréen. » De nouveau, Pierre le nia en faisant ce serment : « Je ne connais pas cet homme. » Peu après, ceux qui se tenaient là s'approchèrent et dirent à Pierre : « Sûrement, toi aussi, tu es l'un d'entre eux ! D'ailleurs, ta façon de parler te trahit. » Alors, il se mit à protester violemment et à jurer : « Je ne connais pas cet homme. » Et aussitôt un coq chanta. »[173]

Malgré ce qui précède, Jésus ne traita pas Simon Pierre avec vengeance, ni punition ou encore moins règlement de compte, mais ce même qui avait renié trois fois de suite le Sauver au chapitre 26 verset 69 à 74 a été également envoyé en mission au chapitre 28 versets 17-20 dans le même évangile selon saint Matthieu. Et le texte le dit clairement :

---

[173] *Ibid*, Matthieu 26,69-74

« Quand ils le virent, ils se prosternèrent, mais certains eurent des doutes. Jésus s'approcha d'eux et leur adressa ces paroles : « Tout pouvoir m'a été donné au ciel et sur la terre. Allez ! De toutes les nations faites des disciples : baptisez-les au nom du Père, et du Fils, et du Saint-Esprit, apprenez-leur à observer tout ce que je vous ai commandé. Et moi, je suis avec vous tous les jours jusqu'à la fin du monde. »

Pourquoi donc tant de règlements de compte, de vengeances et d'affectations et/ou nominations punitives dans le monde clérical ? Serions-nous plus maîtres que le Maître que suivons et avons accepté de servir ? Sinon lui qui est le maître par excellence, voici ce qu'il avait fait et dit :

« Quand il leur eut lavé les pieds, il reprit son vêtement, se remit à table et leur dit : « Comprenez-vous ce que je viens de faire pour vous ? Vous m'appelez "Maître" et "Seigneur", et vous avez raison, car vraiment je le suis. Si donc moi, le Seigneur et le Maître, je vous ai lavé les pieds, vous aussi, vous devez vous laver les pieds les uns aux autres. C'est un exemple que je vous ai donné afin que vous fassiez, vous aussi, comme j'ai fait pour vous. »[174]

---

[174] Ibidem, Jean13, 12-15 selon AELF

De plus, il a ajouté ceci :

« Jésus les appela et dit : « Vous le savez : les chefs des nations les commandent en maîtres, et les grands font sentir leur pouvoir. Parmi vous, il ne devra pas en être ainsi : celui qui veut devenir grand parmi vous sera votre serviteur ; et celui qui veut être parmi vous le premier sera votre esclave. Ainsi, le Fils de l'homme n'est pas venu pour être servi, mais pour servir, et donner sa vie en rançon pour la multitude. »[175]

De ce qui précède, retenons que si nous nous connaissant, nous savons que nous ne pouvons pas régner en serviteurs en qu'autorité ecclésiale, vaut mieux refuser lorsque la Sainte Église Catholique nous sollicite pour être au service de nos collaborateurs et/ou collaboratrices dans la vigne du Seigneur. Car, comme le souligne très bien le Pape Paul VI de vénérée mémoire au conseil des laïcs, en 1974 : « Les hommes d'aujourd'hui ont plus besoin de témoins que de maîtres.

Et lorsqu'ils suivent des maîtres, c'est parce que leurs maîtres sont devenus des témoins. » Retenons bien que tout ce qui est relevé dans ce

---

[175] *Ibidem*, Matthieu 20, 25-28 selon AELF

n'est pas une vaine satire, mais un appel à la prise de conscience des défis qui nous restent à relever dans le corps clérical en général et dans la vie consacrée à tous égards.

Pour terminer, soulignons que pour qu'il n'y ait pas de refus d'affectation et/ou de nomination, il serait idoine dans l'intérêt suprême de la sainte Eglise catholique de proscrire tout esprit de punitions, de vengeances, de règlements de compte relativement aux affectations et/ou nominations.

En clair, sont à proscrire les attitudes du genre parce que tel agent pastoral a fait ou dit ceci ou cela qui a blessé l'amour-propre de l'évêque ou du supérieur légitime en tant que son autorité ecclésiale compétente, donc ce dernier doit subir ou payer de ses agissements au moment des affectations et/ou nominations.

Je ne pense pas que la sainte Église catholique nous ait confié le service de l'autorité dans une perspective de mise en avant de notre amour propre, dans une perspective de domination et d'oppression, mais plutôt c'est dans une perspective de service de l'intérêt suprême de l'Église et de la cause de l'Évangile que le Christ par les hommes nous choisit pour administrer, diriger et gouverner en tant qu'autorité ecclésiale. C'est d'ailleurs en ce sens que le serment de fidélité dans l'exercice d'une fonction au nom de l'église dit ce qui suit :

(Formule à utiliser par les fidèles dont il est question au canon 833, n. 5-8)

Moi N., en assumant la fonction de..., je promets que je garderai toujours la communion avec l'Eglise catholique, tant dans les prises de parole que dans la manière d'agir.

Avec beaucoup de zèle et une grande fidélité, je m'acquitterai de mes devoirs envers l'Eglise, aussi bien envers l'Eglise universelle qu'envers l'Eglise particulière dans laquelle j'ai été appelé à accomplir, selon les prescriptions du droit, mon service.

Dans l'accomplissement de la charge qui m'a été confiée au nom de l'Eglise, je conserverai en son intégrité le dépôt de la foi ; je le transmettrai et l'expliquerai fidèlement ; je me garderai donc de toutes les doctrines qui lui sont contraires.

Je suivrai et favoriserai la discipline commune de toute l'Eglise, et je maintiendrai l'observance de toutes les lois ecclésiastiques, surtout de celles qui sont contenues dans le code de droit canonique.

Par obéissance chrétienne, je me conformerai à ce que les pasteurs déclarent en tant que docteurs et maîtres authentiques de la foi ou décident en tant que chefs de l'Eglise, et j'apporterai fidèlement mon aide aux évêques diocésains, pour que l'action apostolique, qui doit s'exercer au nom de l'Eglise et sur son mandat, se réalise dans la communion de cette même Eglise.

Qu'ainsi Dieu me vienne en aide, et les saints Evangiles de Dieu que je touche de mes mains.

(Les variantes des paragraphes quatre et cinq de la formule de serment doivent être utilisées par les fidèles dont il est question au canon 833, n. 8)

Je favoriserai la discipline commune de toute l'Eglise, et je veillerai à l'observance de toutes les lois ecclésiastiques, surtout de celles qui sont contenues dans le code de droit canonique.

Par obéissance chrétienne, je me conformerai à ce que les pasteurs déclarent en tant que docteurs et maîtres authentiques de la foi ou décident en tant que chefs de l'Eglise; et aux évêques diocésains, j'apporterai volontiers ma collaboration, de telle sorte que l'action apostolique, qui doit s'exercer au nom de l'Eglise et sur son mandat, se réalise, étant sauves la nature et la finalité de mon institut, dans la communion de cette même Eglise.

Que Dieu m'aide, ainsi que les saints Evangiles de Dieu que je touche de mes mains.

Signé :

Date :

Ces paroles très profondes du serment de fidélité que font les supérieurs majeurs, voire même les évêques avant de prendre fonction, nous donnent de comprendre qu'il serait très intéressant et profitable à la sainte Église catholique notre Mère d'aider ceux et celles qu'elle choisit comme autorités ecclésiales à chercher à dissocier le pouvoir du leadership ecclésial. Car, tandis que le pouvoir est aveugle et poursuit très souvent l'intérêt personnel, le leadership ecclésial quant à lui poursuit l'intérêt commun qu'est le projet de Dieu sur soi et dans la vie des autres.

Le leadership ecclésial, dont nous faisons cas ici et qui est d'ailleurs notre compréhension personnelle du service de l'autorité dans la sainte Église catholique, doit être compris dans la dimension ou perspective de l'autorité en général qui se démarque du pouvoir.

En effet, nous devons faire attention à ne pas confondre autorité et pouvoir. Le pouvoir est matériel. Il met en relation deux ou plusieurs acteurs pris dans une relation fonctionnelle, dans une « rationalité limitée » par l'asymétrie de l'information, la pression du temps et le pouvoir hiérarchique. La relation de pouvoir oscille entre deux extrêmes, de l'imposition du cadre de référence hiérarchique/disciplinaire à la négociation des objectifs et des moyens d'agir.

L'autorité quant à elle, est personnelle. Elle est incarnée par l'autorité ecclésiale compétente (manager) et dépend de sa vision du monde, optimiste ou pessimiste, ouverte ou fermée, positive ou sceptique et de ses valeurs essentielles déterminant le sens de l'action de l'équipe de travail rattachée. L'autorité pratique l'écoute de ses collaborateurs tandis que le pouvoir impose ses opinions à ses collaborateurs.

Au regard de ce qui précède, un tel axe pourrait être utile de sorte à voir la démarcation entre pouvoir et autorité :

*Axe du pouvoir hiérarchique/disciplinaire

Imposer   <————-> Absence de dialogue, dictature, obligation à l'obéissance

*Axe de l'autorité/du sens Partage

Valorisation   <——————> Inspirer des Valeurs, une Vision du pouvoir comme participatif/médiatique, dialogue, considération de l'opinion de l'autre même si différente de celle de l'autorité, écoute, valorisation des qualités et compétences de ses collaborateurs

Notons bien que celui qui a établi Simon Pierre comme le chef des douze et par ricochet la pierre sur laquelle il a bâti son Église a aussi dit à Pierre et à ses compagnons ce qui suit : « Car le Fils de l'homme n'est pas venu pour être servi, mais pour servir, et donner sa vie en rançon pour la multitude. »[176]

Si les affectations et/ou nominations sont faites non pas comme un remplissage de trou ni encore moins sous l'effet des émotions dans leur expression diverse, mais selon la recherche commune de l'accomplissement de la sainte volonté de Dieu auprès du genre humain, alors que doivent faire les autorités ecclésiales compétentes ?

11. Le rôle des autorités ecclésiales compétentes après les affectations et nominations

Ici, avant d'identifier le rôle à jouer par les autorités ecclésiales compétentes suite aux affectations et/ou nominations, il convient de chercher à comprendre le concept de l'autorité dans un premier temps.

---

[176] *La Sainte Bible Catholique, Mc10:45 selon AELF*

Soulignons donc dans cette perspective que le concept de l'autorité ne peut être discuté dans le contexte de notre réflexion sans le dissocier de ses corollaires que sont les concepts du pouvoir et du leadership. En effet, tandis que le pouvoir s'avère être à première vue la capacité d'imposer sa volonté, de forcer l'obéissance ou de faire prévaloir son opinion au sein d'une organisation, le leadership ou autorité-service quant à lui s'éloigne de cette procédure.

En effet, il (le leadership) consulte, écoute et fonde son autorité sur ce travail de synthèse. La réalité ci-dessus montre clairement que si le concept de l'autorité doit s'apparenter inéluctablement à l'un des deux concepts que sont le pouvoir et le leadership, le second apparaît plus rattaché au concept de l'autorité. C'est d'ailleurs en ce sens que Mounira Elbouti, doctorante et enseignante à l'IMT, dans son article paru dans Le Mondafrique, Tunis Hebdo et Liberté Algérie, soutient que : « Le leadership est plus une question d'autorité que de pouvoir. »[177]

Mounira poursuit pour souligner que : « Si être leader confère de l'autorité, le leader ne recherche pas pour autant le pouvoir. Celui qui a le

---

[177]Mounira Elbouti, doctorante et enseignante à l'IMT dans *son article paru dans Le Mondafrique, Tunis Hebdo et Liberté Algérie*

leadership aime le pouvoir, mais n'occupe pas son poste pour cette raison. »[178]

Malgré cette nette distinction, le philosophe allemand Max Weber ne manque pas d'établir un pont entre autorité et pouvoir ; lui qui écrivait à cet effet que : « Pour que le pouvoir et l'autorité soient acceptés, ils doivent jouir d'une légitimité qui peut être « traditionnelle » (l'héritier), « charismatique » (le chef) ou « légalo-rationelle » (autorité et pouvoir de la fonction, l'occupation de celle-ci reposant idéalement sur la compétence). »[179]

En ce sens donc, si le pouvoir est légitime et utilisé de façon non-abusive, le ressenti sera faible ou nul. Toutefois, même si ce qui précède montre que les concepts de l'autorité, du pouvoir et du leadership s'entremêlent, retenons que le rôle à jouer par les autorités ecclésiales suite aux affectations et/ou nominations doit plutôt être celui de leadership que celui d'exercice de pouvoir. Car le pouvoir se prive de la créativité des autres tandis que le leadership fonde son autorité sur un travail de synthèse. En ce sens, l'on pourrait clairement distinguer avec Mounina Elbouti que : « Le pouvoir est une force qui va du haut de la hiérarchie vers le bas (« top down »). Du « fort »

---

[178] *Idem*

[179] *Ibidem*

vers le « faible ». À l'inverse, le leadership est une force qui va du bas de la hiérarchie vers le haut. On est « fait » ou « reconnu » leader par son groupe.[180]De ce qui précède serions-nous en porte-à-faux de dire que le leadership sait faire la délégation de pouvoir par l'écoute, la reconnaissance des compétences et talents de ses sujets ? Car bien souvent, les conflits naissent par la volonté de dominer à tout prix sans faire place à l'écoute, à la reconnaissance des compétences et talents de ses collaborateurs de fonction. Sans doute, Jean Vanier partage notre opinion sur ce qui précède ; puisque relativement, à l'exercice de l'autorité, il a pu écrire ce qui suit : « Exercer l'autorité, c'est être un éveilleur de conscience pour permettre à l'autre de faire ce qui est bien, ce qui est juste, pour qu'il puisse aimer. »[181]

En ce sens, le pouvoir serait compris comme la tendance à « diviser pour mieux régner », comme dit l'adage. Si diviser équivaut à organiser et à répartir les tâches, pourquoi pas ? Si diviser permet en revanche de limiter tout contre-pouvoir, alors s'ouvre la porte de l'arbitraire, de l'abus de pouvoir, de la violence au visage légitime. À

---

[180] *Ibidem*

[181] Jean Vanier, *Cri du pauvre, cri de Dieu*, Méditation sur l'Esprit Saint, Ed. Salvator, Paris, 2016, p.71

l'inverse, le leadership, fondé sur l'adhésion, tend à « unifier pour mieux régner ». Il rassemble au lieu de diviser et n'a pas peur de voir le groupe soudé, car cette réunion est le symbole de l'adhésion de tous à un objectif, à des valeurs afférentes, à un projet que les forces combinées d'une équipe permettent d'atteindre.

Enfin, le pouvoir donne des ordres et des instructions. Il ne prend pas le temps de l'écoute, se prive partiellement de la créativité des autres, sauf pour exécuter. À l'inverse, le leadership consulte, écoute et fonde son autorité sur ce travail de synthèse. S'il donne des axes de travail ou des directives, la liberté laissée aux uns et aux autres leur permet d'exprimer créativité, identité propre et crée des apports personnels forts. Implicitement, s'exprime un respect de la valeur ajoutée de chacun, qui renforce l'adhésion, le sentiment d'appartenance à un groupe. Une équipe paradoxalement variée, mais unie. »[182]

Tout ceci montre que l'exercice de l'autorité sans leadership conduit à la dérive. Car le leadership mène à la productivité, puisque n'étant pas compris comme l'habilitation d'un seul leader, mais plutôt comme le fait de générer chez chaque employé des leaders qui partagent des objectifs et

---

[182] *Ibidem*

travaillent ensemble pour les atteindre. Pour être un leader qui forme des leaders, la première exigence est de savoir écouter et être capable de trouver les vraies personnes au-delà des apparences. Et c'est ce que doivent faire nos autorités ecclésiales compétentes avant, pendant et après les affectations et/ou nominations. En procédant ainsi, le leader gagne la confiance et le respect de ses disciples en raison de leurs attitudes et comportements, et cela conduit à une très féconde productivité selon les experts en ressources humaines et management.

La confiance et le respect ouvrent des voies de communication bidirectionnelles permettant d'atteindre des objectifs communs. Le leader entraîne les autres vers un objectif qu'il veut atteindre en faisant preuve de psychologie et de tact. Les bons dirigeants ne sont pas prétentieux, ils partagent le mérite et les avantages et gardent pour eux la responsabilité des échecs.

Le leader partage avec ses subordonnés (s'il est le patron), préfère l'informalité, fait des visites surprises dans les autres bureaux et préfère les rencontres occasionnelles aux réunions ennuyeuses dans son bureau, car il sait que cela crée un espace pour la culture du leadership. Le leader est aussi un serviteur, toujours capable d'aider et de servir de guide, guidant le groupe pour atteindre ses objectifs et surmonter les obstacles.

Les leaders positifs ont toujours le temps d'écouter parce qu'ils savent que l'information est utile, peu importe d'où elle vient ou de qui elle vient, on ne sait jamais l'importance de ce qu'ils vont vous dire. L'écoute motive les subordonnés ou les collègues, mais il ne s'agit pas d'entendre, il s'agit de prêter attention et de comprendre. Ceux qui ont des compétences en leadership deviennent dépendants de l'écoute.

Il vaut toujours mieux persuader que commander. Celui qui développe l'intuition, la sensibilité, la douceur, la compréhension et la considération pour les autres, a plus de chances de trouver des disciples que celui qui les cherche par la rigidité et l'imposition. Les dirigeants doivent non seulement faire preuve d'analyse à l'aide de données et de faits, mais aussi, ils doivent faire preuve de sensibilité à l'égard des gens.

C'est la capacité d'amener les autres à passer à l'action, c'est la capacité de communiquer de façon persuasive et de renforcer la confiance des adeptes. Cela se fait par l'exemple et l'attitude, toujours en regardant vers l'avenir avec une vision fixe des objectifs fixés. Le leader fait face aux problèmes ne les entoure pas, voit les opportunités et les lancements pour en profiter. Le leader a la capacité de digérer l'information et de la transformer en décision. Il fait bouger les choses, il n'attend pas que les circonstances mènent à l'action, il a une longueur d'avance, il travaille vite, mais avec soin.

Ce sont ces valeurs que doivent incarner nos autorités ecclésiales compétentes, de sorte à exercer toujours un leadership ecclésial qui sait toujours procéder par un jugement appréciatif.

Par ailleurs, il est à retenir que le rôle à jouer par les autorités ecclésiales compétentes suite aux affectations et/ou nominations est de se positionner comme de vrais leaders qui cèdent à l'écoute, à l'attention, à la reconnaissance des compétences de leurs sujets, aux besoins du collaborateur que sont les prêtres. Car il est de nature chez la personne humaine de surseoir à toute plainte, toute opposition, toute agressivité lorsqu'elle se sent écoutée, comprise, aimée, reconnue pour ses faiblesses et ses forces, ainsi que ses compétences et capacités. En un mot, lorsque la personne humaine se sent considérée, elle agit bien. Cela fait partie de sa nature. En effet, il n'y a aucune personne sur cette terre à qui une oreille attentive est prêtée et qui se plaindrait, avec qui l'on procède par le dialogue dans l'objectif de l'entente et qui se révolterait, qui se sentirait écoutée, comprise, aimée et qui refuserait d'offrir de généreux services. Oui, il n'y a aucune personne sur cette terre qui se sentirait valorisée par la reconnaissance de ses faiblesses, de ses forces, de ses compétences, de ses capacités et qui se révolterait ou qui refuserait un service quelconque.

Et la plupart de la gestion du personnel en ressources humaines se base sur cette tactique pour pousser à une productivité plus abondante. Car, dans deux entreprises données, la productivité de celle où le directeur reconnaît les compétences, capacités et forces de ses employés et ne mise que sur cela sera supérieure et abondante que celle dans laquelle le directeur passe le clair de son temps à humilier, à rabaisser ses employés. La grâce ne change pas la nature, pourrait-on retenir ici. En effet, la personne humaine reste la même personne humaine quel que soit son milieu de vie ou de fonction.

L'Église éviterait beaucoup de tensions, d'oppositions internes, de frustrations, d'abus de pouvoir, de blessure de certains prêtres et/ou personnes consacrées si le leadership tel que décrit ci-dessus y était vécu dans le dire et le faire de tous les agents pastoraux sans exception.

En un mot, l'Église éviterait beaucoup de difficultés internes si le leadership de part et d'autre était vécu et pratiqué à l'instar de celui du Christ qui a été leader par excellence de douze caractères forts pendant trois sans jamais laisser une petite trace d'indifférence à qui que ce soit au sein du groupe des treize.

Chacune des douze personnes a trouvé sa place et auprès du Christ, et dans son ministère public, et même après sa résurrection sans aucune plainte quelconque ni aucune opposition quelconque vis-à-vis de l'exercice de leur ministère apostolique. Il serait souvent bien que chacun de nous en tant qu'agents pastoraux, nous nous mettions en cause face aux nombreux défis à relever tels que : les tensions, les oppositions internes, les frustrations, les abus de pouvoir, les punitions, les brimades, les dominations, les blessures de certains prêtres et/ou personnes consacrées. Si ces défis sont relevés par nous tous, nous parviendrons à répondre à l'appel du maitre de la moisson selon son cœur.

CONCLUSION

Au terme de cette aventure cognitive de mise en cause de la triste réalité qui se fait sentir dans le milieu du clergé catholique et/ou de la vie consacrée en général, il convient de retenir que la vie sacerdotale ministérielle et/ou consacrée est une vocation émanant de Dieu. Et en tant que tel, les prêtres et/ou personnes consacrées ont quelque chose de beau à apporter à la société. En effet, le prêtre a une figure de biodiversité. Il est là à la naissance : célébration du baptême, à la réjouissance : célébration du mariage autre évènement heureux et à la fin de la vie : célébration des funérailles. Il s'ensuit que, nous prêtres, nous avons une vocation pascale qui est de renouveler la vie, de motiver.

Par conséquent, nul ne doit embrasser cet état de vie s'il ou elle n'a au préalable reçu un appel authentique de la part de Dieu. Car à s'y introduire par ruse et sans vocation authentique avec un discernement sérieux et sincère à l'appui, l'on finit par faire de ce projet de Dieu, un projet personnel à tel enseigne que le bien commun de l'Église passera au mépris, et ce, au profit de l'intérêt personnel.

En effet, toute vocation authentique à la vie sacerdotale ministérielle et/ou consacrée passée au crible d'un discernement sérieux et sincère met toujours le projet de Dieu en avant, et ce, de façon désintéressée. Or quel est le projet de Dieu dans l'histoire du genre humain relativement à la question de la vocation, si ce n'est le salut qu'Il lui accorde par des hommes et des femmes qu'il choisit dans sa souveraineté pour les envoyer où Lui, Dieu, veut et quand Il veut.

Ici, la vocation de Moïse et de son frère Aaron ainsi que celles de bien des prophètes tels qu'Amos, Ezéchiel, Isaïe, Jérémie, et j'en passe, font preuve d'illustration. En effet, en parcourant l'histoire de la vocation de chacun d'entre eux dans la Sainte Bible, l'on finit par comprendre qu'aucun d'eux ne s'était levé un matin pour accomplir la mission qu'ils ont respectivement menée. Plutôt, à chacun, il a été adressé d'abord un appel que nous qualifions aussi de vocation. Et c'est à l'issue de cet appel que chacun d'eux avait répondu librement pour s'inscrire dans le projet de Dieu et sur chacun d'eux-mêmes en tant qu'appelés et sur les peuples vers qui Dieu les envoyait suite à cette vocation. De Jérémie par exemple, il est dit de sa vocation dans les Saintes Écritures ce qui suit :

« La parole du Seigneur me fut adressée : « Avant même de te façonner dans le sein de ta mère, je te connaissais ; avant que tu viennes au jour, je t'ai consacré ; je fais de toi un prophète pour les nations. » Et je dis : « Ah ! Seigneur mon Dieu ! Vois donc : je ne sais pas parler, je suis un enfant ! »

Le Seigneur reprit : « Ne dis pas : "Je suis un enfant !" Tu iras vers tous ceux à qui je t'enverrai ; tout ce que je t'ordonnerai, tu le diras. Ne les crains pas, car je suis avec toi pour te délivrer – oracle du Seigneur. » Puis le Seigneur étendit la main et me toucha la bouche. Il me dit : « Voici, je mets dans ta bouche mes paroles ! Vois : aujourd'hui, je te donne autorité sur les nations et les royaumes, pour arracher et renverser, pour détruire et démolir, pour bâtir et planter. »[183]

Aussi, la vocation d'Amos ne s'éloignera pas de ce contexte mentionné plus haut. En effet, il est dit de sa vocation ou appel par Dieu ce qui suit :

« (…) Amazias dit à Amos : « Toi, le voyant, va-t-en d'ici, fuis au pays de Juda ; c'est là-bas que tu pourras gagner ta vie en faisant ton métier de prophète. Mais ici, à Béthel, arrête de prophétiser, car c'est un sanctuaire royal, un temple du royaume. » Amos répondit à Amazias : « Je n'étais

---

[183] *La Sainte Bible Catholique, Jr 1 :4-10 selon AELF*

pas prophète ni fils de prophète, j'étais bouvier, et je soignais les sycomores. Mais le Seigneur m'a saisi quand j'étais derrière le troupeau, et c'est lui qui m'a dit : "Va, tu seras prophète pour mon peuple Israël. »[184]

Toujours dans le même contexte de vocation, voici ce qui est dit de celle d'Isaïe :

« L'année de la mort du roi Ozias, je vis le Seigneur qui siégeait sur un trône très élevé ; les pans de son manteau remplissaient le Temple. Des séraphins se tenaient au-dessus de lui. Ils avaient chacun, six ailes : deux pour se couvrir le visage, deux pour se couvrir les pieds, et deux pour voler. Ils se criaient l'un à l'autre : « Saint ! Saint ! Saint, le Seigneur de l'univers ! Toute la terre est remplie de sa gloire. » Les pivots des portes se mirent à trembler à la voix de celui qui criait, et le Temple se remplissait de fumée. Je dis alors : « Malheur à moi ! Je suis perdu, car je suis un homme aux lèvres impures, j'habite au milieu d'un peuple aux lèvres impures : et mes yeux ont vu le Roi, le Seigneur de l'univers ! » L'un des séraphins vola vers moi, tenant un charbon brûlant qu'il avait pris avec des pinces sur l'autel. Il l'approcha de ma bouche et dit : « Ceci a touché tes lèvres, et maintenant, ta faute est enlevée, ton péché est

---

[184]*La Sainte Bible Catholique, Am7 :12-15 selon AELF*

pardonné. » J'entendis alors la voix du Seigneur qui disait : « Qui enverrai-je ? Qui sera notre messager ? » Et j'ai répondu : « Me voici : envoie-moi ! » Il me dit : « Va dire à ce peuple : Écoutez bien, mais sans comprendre ; regardez bien, mais sans reconnaître. »[185]

À lire de façon méditative ces respectifs récits de vocations, il en ressort non incohérent de comprendre pourquoi parlant du sacerdoce ministériel comme partage du sacerdoce du Christ, la lettre aux Hébreux en son chapitre 5 versets 1 à 4 affirme sans ambages que :

« Tout grand prêtre, en effet, est pris parmi les hommes ; il est établi pour intervenir en faveur des hommes dans leurs relations avec Dieu ; (…) On ne s'attribue pas cet honneur à soi-même, on est appelé par Dieu, comme Aaron. »[186]

Si, de par ce chapelet de citation ayant trait à la question de la vocation à la vie sacerdotale ministérielle et/ou consacrée, nous pouvons déduire que nul (nulle) normalement ne doit se lever un matin pour embrasser ce choix de vie consacrée sans avoir été au préalable appelé (ée), alors il nous est difficile de comprendre le

---

[185] *La Sainte Bible Catholique, Is 6 :1-9 selon AELF*

[186] *Idem, He5,1-4*

pourquoi des refus de missions ou de paroisses au moment des affectations et/ou nominations.

Car, si nous nous alignons dans la logique des différentes vocations dont nous avons fait cas ici, à l'appui de l'appel à la vie sacerdotale ministérielle comme non seulement un don de Dieu, mais aussi et surtout comme un partage du sacerdoce du Christ que : « Nul ne peut s'attribuer cet honneur à soi-même, on est appelé par Dieu, comme Aaron »[187]; alors pourquoi prétendre entendre cet appel, y répondre librement sans aucune pression extérieure d'ailleurs et finir par faire le tri ou le choix de missions qui répondraient à nos critères de pseudo-paradis ?

Ne va-t-il pas sans dire que quiconque répond à cet appel sincèrement et refuse par la suite une mission ou un service quelconque de la part de la sainte Église catholique est non seulement en porte-à-faux au sujet de sa vocation, mais aussi utilise la vie consacrée comme un canal d'ascension sociale ?

Car, pour quiconque reçoit cet appel de façon authentique et y répond sincèrement et sérieusement, en aucun cas la vie consacrée sous toutes ses dénominations possibles ne peut être un

---

[187] *Ibid, He 5,4*

enfer, mais plutôt un paradis de l'enfer. Et ce, parce que n'étant pas le projet personnel de l'appelé (ée), mais celui de l'appelant (Dieu), celui-ci (Dieu) fait concourir en toute chose au bien de ceux qui l'aiment.

En ce sens, jamais Dieu n'abandonne ceux et celles qu'Il appelle dans sa souveraineté à son service à travers la vie consacrée. Ceci pour dire qu'il ne devrait pas exister des enfers dans la vigne du Seigneur qui puissent pousser des ministres ordonnés et/ou personnes consacrées à refuser certaines affectations et/ou nominations sous prétexte qu'elles sont punitives.

Car, à s'inscrire dans la ligne droite du projet de Dieu dans l'authenticité de sa vocation, l'on ne cherchera jamais à faire passer ses intérêts personnels devant le bien commun de la sainte Église qui selon le code du droit canonique de 1983 est « le salut des âmes. »[188]

Comme pour dire que partout où il y a des âmes à gagner pour le Christ, il ne devrait pas exister d'enfer pour toute personne consacrée authentiquement, sous la base d'une vocation passée au crible d'un bon discernement, mais plutôt il devrait exister pour lui un paradis de

---

[188] Les normes du Code du Droit Canonique de 1983

l'enfer, puisqu'à celui ou celle qui s'adonne à son service avec désintéressement et empressement, le Christ promet ceci : « Que dire du serviteur fidèle et sensé à qui le maître a confié la charge des gens de sa maison, pour leur donner la nourriture en temps voulu ? Heureux ce serviteur que son maître, en arrivant, trouvera en train d'agir ainsi ! Amen, je vous le déclare : il l'établira sur tous ses biens. »[189]

Alors, s'il est arrivé que des autorités ecclésiales compétentes ou supérieurs (es) majeurs aient procédé aux affectations et/ou nominations comme un remplissage de trou ou encore qu'ils ou elles y aient procédé en n'y dissociant pas les émotions personnelles, le ministre ordonné et/ou personne consacrée qui a reçu une vocation authentique et y a répondu librement sans envisager un projet personnel, mais celui de Dieu qui appelle, doit retenir que «(…)Aux autres villes aussi, il faut qu'il annonce la Bonne Nouvelle du règne de Dieu, car c'est pour cela qu'il a été appelé et qu'il a été envoyé. »[190]

Pour terminer, l'on doit retenir que toute vocation authentique et discernée sincèrement et sérieusement a son histoire et reste un mystère.

---

[189] La Sainte Bible, Matt 24 :45-47 selon AELF

[190] La Sainte Bible, Lc4 :43 selon AELF

Alors, nul ne peut détourner le plan de Dieu dans la vie de qui que ce soit. Et c'est sur cette base de la souveraineté de Dieu dans la vie et le ministère ou apostolat de toute personne qu'il appelle à le servir à travers ses frères et sœurs dans la sainte Église. Nous, en tant que personnes consacrées, devons reposer notre confiance infaillible en la providence de Dieu tout en sachant aussi nous contenter du manque comme de l'abondance. Car, le fin fond du problème de l'enfer du paradis relativement aux refus d'affectations et/ou nominations qui nous a poussés à cette aventure cognitive de prise de conscience de défis à relever à titre préventif, reste la question du bonheur et de la satisfaction. Mais devons-nous retenir que la satisfaction du désir et du bonheur reste toujours comme un panier à remplir d'eau, ce qui demeure un éternel recommencement. C'est pourquoi la solution à retenir en répondant à la vocation à la vie sacerdotale ministérielle et/ou consacrée reste ces propos du vénérable Mgr Melchior de Marion Brésillac, fondateur de la Société des Missions Africaines :

« Que cherchez-vous ? Les honneurs, ne venez pas ici ! La gloire ? Ne venez pas ici ! De l'argent ? Ne venez pas ici ! De l'amitié ? Ne venez pas ici ! De la reconnaissance pour ce que vous avez fait ? Ne venez pas ici ! Mais si, sûr et convaincu de votre vocation, vous cherchez Jésus Christ ; Jésus pauvre,

Jésus humilié, Jésus souffrant, Jésus crucifié ; alors venez ! Empressez-vous de venir… »[191]

Car, si dans l'authenticité de notre vocation bien discernée et répondue, nous nous engageons non pas à vouloir satisfaire nos désirs et intérêts personnels, mais plutôt l'intérêt commun de la sainte Église catholique, la vie consacrée sous toutes ses dénominations possibles sera toujours et à jamais un paradis de l'enfer. Et ce, parce que tout ministre ordonné et/ou personne consacrée qui s'engage (ent) dans cet état de vie est conscient (e) que la vie sacerdotale ministérielle et/ou consacrée ne rime qu'avec un esprit de sacrifice, qui lorsque l'on s'en est laissé imprégner ne perçoit plus en aucune mission ou paroisse un quelconque enfer ou un quelconque paradis, mais se contente d'accomplir la volonté de Dieu pour laquelle il a répondu à son appel au bénéfice du salut de ses frères et sœurs qui constituent la sainte Eglise, à sa propre sanctification en tant qu'appelé et enfin pour la plus grande gloire de Dieu.

Retenons au final que répondre à la vocation à la vie consacrée sous toutes ses dénominations possibles et avoir pour objectif ces trois éléments essentiels que sont le salut de ses frères et sœurs

---

[191] Mgr Melchior de Marion Brésillac, Retraite aux Missionnaires, 1849

qui constituent la sainte Eglise, sa propre sanctification en tant qu'appelé (ée) et enfin la plus grande gloire de Dieu, c'est comprendre authentiquement l'essence de la vie sacerdotale ministérielle et/ou consacrée.

Et cette bonne compréhension aidera toujours le ministre ordonné et/ou personne consacrée à prendre conscience que la réponse à cet appel de Dieu n'est pas pour la réalisation d'un projet personnel, mais celui de Dieu qui appelle à le servir.

En ce sens donc, aucune affectation et/ou nomination ne peuvent et ne doivent en aucun cas, être perçue comme une punition voire un enfer. Il ne faut pas oublier tout concourt au bien de ceux qui aiment Dieu. Par conséquent, le Seigneur qui appelle les ouvriers à sa moisson ne peut jamais nous abandonner. Et si nous comprenons les choses de cette manière, nous saurons que, et la vie, et le ministère ou apostolat, et le service ne peuvent qu'être perçus que comme un paradis de l'enfer au sein de la sainte Église catholique. Partant, le ministre ordonné et/ou personne consacrée ne devrait que rendre grâce à Dieu pour le don de la vocation.

Bibliographie

Concile Vatican II, Lumen Gentium.

(1) Une histoire du Paradis en 3 tomes (Fayard) : Le Jardin des délices (1992) ; Mille ans de bonheur (1995) ; Que reste-t-il du Paradis ? (2000).

(2) Le paradis à la porte, essai sur une joie qui dérange, Seuil, 498 p., 23 € (lire La Croix des 12 et 19 mai).

(3) L'origine qui vient. Une eschatologie chrétienne pour le XXIe siècle, Labor et Fides, 361p.

Compendium du Catéchisme de l'Eglise Catholique, Copyright © 2005 – Libreria Editrice Vaticana, 00120 Città del Vaticano

Marc-Alain Ouaknin, Mystères de la Bible, éd. Assouline, 2008, p. 109

Définitions <u>lexicographiques</u> [<u>archive</u>] et <u>étymolog iques</u> [<u>archive</u>] de « apôtre » dans le <u>Trésor de la langue française informatisé</u>, sur le site du <u>Centre national de ressources textuelles et lexicales</u>

Novum Testamentum Graece: Nestle-Aland, Hendrickson Publishers Inc; 28e édition, 1er décembre 2012 (<u>ISBN</u> 978-1619700307)

Novum Testamentum Graece: Nestle-Aland, Hendrickson Publishers Inc; 28e édition, 1er décembre 2012 (<u>ISBN</u> 978-1619700307)

La Bible: Traduction intégrale hébreu-français, BIBLIEUROPE, 1er janvier 1994 (ISBN 978-2848280431)

Marcel Simon et André Benoît, Le Judaïsme et le Christianisme. Page 161.

Thomas More, L'Utopie ou Traité de la meilleure forme de gouvernement, Ed. Garnier-Flammarion, 1516.

Jean Rigal, Le courage de la mission, Ed. Du Cerf, 1986 ? P.14 (décret Ad Gentes numéro 2)

Dante, La Divine Comédie 15- Jean Paul Sartre, Huit Clos, Pièce de théâtre, en un seul acte, 1943

Thomas HOBBES, Le Léviathan, Ed. Gallimard, Paris, 1877, page 195

Mgr Melchior de Marion Brésillac, Retraite aux Missionnaires 1849

Les normes du Code du Droit Canonique de 1983

Mounira Elbouti, doctorante et enseigante à l'IMT dans son article paru dans Le Mondafrique, Tunis Hebdo et Liberté Algérie

Propos recueillis par Laurence D'Hondt

La Sainte Bible Catholique selon AELF

Le Saint Coran

Dictionnaire Le Petit Larousse

Dictionnaire, Le petit Robert

SERMENT DE FIDÉLITÉ DANS L'EXERCICE D'UNE FONCTION AU NOM DE L'EGLISE

Pape François selon le Bulletin suisse, Cath-Info, Cath.Ch, portail catholique Suisse

Pape Jean Paul II, Exhortation Apostolique Pastores Dabo Vobis No11

Saint Cyrille d'Alexandrie dans son commentaire sur l'évangile de Jean à l'office des Lectures à l'occasion de la fête des Saints Simon Jude

Céline Béraud P.45-66

Pape Jean Paul II, Exhortation Apostolique post-synodale, Vita Consecrata ,

Décret du concile Vatican II, Presbyterorum Ordinis, 07 Décembre 1965,

P. Dominique Barnérias, curé de paroisse et enseignant à l'Institut catholique de Paris

Catéchisme de l'Eglise Catholique

Extrait de l'exemplaire de lettre de demande d'admission aux ordres Sacrés dans la Société des Missions Africaines (cf Const. et Lois)

Constitutions et Lois de la Société des Missions Africaines

Birago Diop, Le souffle des ancêtres (du Recueil Leurres et Lueurs, 1960, Ed. Présence Africaine

Hén. éthiop. 87:3 89:52

Alain Durand, Dieu choisit le dernier, Ed. Cerf, Paris, 2009.

Edm. R.

Catéchisme de l'Eglise Catholique, No1027

Henri de Lubac, Parler des fins dernières

Hans Urs von Balthasar, Méditation Théologique sur le mystère de la descente à l'enfer

Compendium du Catéchisme de l'Eglise Catholique, No 209

Guilhen Antier, pasteur de l'Église réformée à Dijon

L'historien Jean Delumeau,

Propos d'un Pasteur Reformé, Aaron KAYAYAN, Récits d'hier pour la foi d'aujourd'hui. Perspectives Réformées, Palos Heights, 1997

Jacques Hervieux, L'évangile de Marc, Bayard Ed. Centurion, 1991 P.238

Constitutions et Lois de la Société des Missions Africaines

Extrait du Credo de Nicée Constantinople

Bruno CHENU, L'urgence prophétique, Dieu au défi de l'histoire, Bayard Ed. 1997.

Epicure, Fragments

Leil Lowndes, Comment parler à tout le monde, Ed. Nouveaux horizons, 2015.

Magistère de l'Eglise

Henri-Jérôme GAGEY, La Nouvelle Donne Pastorale, Ed. De l'Atelier, Paris 1999

Dénis DIDEROT, Langres1713-Paris1784
Nouveau Testament, Tome Quatrième, Ed. Société d'Histoire Chrétienne, 1975

Nouveau Testament, Tome Cinquième, Ed. Société d'Histoire Chrétienne, 1975

Jean VANIER, Cri du pauvre, cri de Dieu, Méditation sur l'Esprit Saint, Salvator, Paris 2016.

Autres sources

https://eglise.catholique.fr/approfondir-sa-foi/vivre-sa-foi-a-tous-les-ages/etre-appele-chacun-sa-vocation/les-differentes-formes-vie-consacree/ 05/10/2022

https://eglise.catholique.fr/approfondir-sa-foi/la-celebration-de-la-foi/les-sacrements/lordination/ 05/10/2022

https://www.la-croix.com/Religion/Spiritualite/Le-paradis-_NG_-2011-10-28-729047 20/10/2022

https://www.agiretentreprendre.fr/leadership-pouvoir-autorité/

https://lemonde-arabe.fr/09/04/2019/de-la-difference-entre-leadership-et-pouvoir/ 27/10/2022

https://www.ressourceschretiennes.com/article/exode-3-et-4-la-vocation-de-mo%C3%AFse 30/10/2022

Table des matières